Experimente a CIÊNCIA

9º ano – 2ª edição

HELENI STROEDER
Doutora em Ciências na área de Parasitologia pela Universidade de São Paulo
Bacharel em Ciências Biológicas pela Universidade de São Paulo
Professora de Ciências da rede particular de ensino na cidade de São Paulo

LUCIANA BARÃO ACUÑA
Mestre em Ciências na área de Ecologia: ecossistemas terrestres e aquáticos pela Universidade de São Paulo
Especialista em Gestão Ambiental pelo Centro Universitário SENAC
Bacharel e Licenciada em Ciências Biológicas pela Universidade de São Paulo
Professora de Ciências e Orientadora Educacional da rede particular de ensino na cidade de São Paulo

SIMONE APARECIDA BACIC
Especialista em Ecologia pela Universidade de Guarulhos
Bacharel e Licenciada em Ciências Biológicas pela Universidade de Guarulhos
Professora de Ciências e Biologia da rede particular de ensino na cidade de São Paulo

SUZANA SOUZA SOUTO DE OLIVEIRA
Doutora em Ciências na área de Ciências Morfofuncionais pela Universidade de São Paulo
Fonoaudióloga pela Faculdade de Medicina da Universidade de São Paulo
Professora de Ciências e Coordenadora da área de Ciências da rede particular de ensino na cidade de São Paulo

editora HARBRA

Sumário

Direção Geral: Julio E. Emöd
Supervisão Editorial: Maria Pia Castiglia
Programação Visual e Capa: Mônica Roberta Suguiyama
Fotografias da Capa: Shutterstock
Impressão e Acabamento: Log&Print Gráfica

Experimente a Ciência – 9º ano – 2ª edição

Rua Mauro, 400 – 04055-041 – São Paulo – SP
Tel.: (0.xx.11) 5084-2482
Endereço eletrônico: www.harbra.com.br

ISBN 978-85-294-0549-0

Impresso no Brasil *Printed in Brazil*

CIP-Brasil. Catalogação na Publicação
SINDICATO NACIONAL DOS EDITORES DE LIVROS, RJ

E96

2. ed.

Experimente a ciência 9º ano / Heleni Stroeder ... [et al.]. - 2. ed. - São Paulo : HARBRA, 2021.
64 p. : il. ; 28 cm. (Experimente a ciência)

ISBN 978-85-294-0549-0

1. Ciências - Estudo e ensino (Ensino Fundamental). I. Stroeder, Heleni. II. Série.

20-67469 CDD: 372.35
CDU: 373.3.016:5

Meri Gleice Rodrigues de Souza – Bibliotecária – CRB-7/6439

Apresentação

O despertar da curiosidade pela ciência se dá de forma intensa quando permitimos aos alunos a possibilidade de vivenciar os conteúdos estudados de forma teórica. Acreditamos que as aulas práticas no laboratório de ciências são importantes recursos pedagógicos, pois permitem ao aluno envolver-se no seu processo de aprendizagem, realizando observações e questionamentos, elaborando hipóteses, coletando e analisando dados, discutindo resultados e tirando conclusões. A prática pode, inclusive, ser um ponto de partida e anteceder a exposição teórica.

Nessa perspectiva, as aulas práticas tornam o laboratório um espaço de desenvolvimento investigativo, onde o aluno tem a oportunidade de construir seu conhecimento por meio do método científico.

A possibilidade de trabalhar em grupos no laboratório permite ainda, ao aluno, desenvolver competências, como, por exemplo, a argumentação, ao expor oralmente suas ideias, manifestando suas opiniões, concordâncias e discordâncias, estabelecendo conexões com os demais membros do grupo, fortalecendo o trabalho em equipe.

Esta nova edição aborda os temas previstos pela BNCC (Base Nacional Comum Curricular), estimulando o desenvolvimento de diversas competências e habilidades fundamentais para o aluno do nono ano, além de trazer outros conteúdos que complementam o aprendizado global em Ciências. O conjunto de práticas propostas neste volume contempla dois eixos temáticos propostos pela BNCC: *Matéria e Energia* (química geral; química inorgânica; física – termometria; mecânica; ondulatória; óptica; circuitos elétricos) e *Vida e Evolução* (genética e estudo de cariótipo).

Boas experiências!

As autoras

Segurança nas aulas práticas

Normas de utilização e segurança:

- Sempre lavar as mãos antes e depois das aulas.
- Não levar alimentos ao laboratório.
- Quando for orientado pelo professor, usar luvas descartáveis para a realização das práticas.
- As substâncias químicas não devem ser cheiradas e nem levadas à boca.
- Caso haja quebra de material, o aluno deverá chamar imediatamente o professor.
- O aluno deverá sempre esperar a orientação do professor antes de realizar o experimento.
- Para sua segurança, nunca introduza objetos nas tomadas.
- Cuide adequadamente do material do laboratório, pois ele é parte integrante de seu aprendizado.
- Leve ao laboratório apenas os materiais que serão utilizados durante a aula (livro de laboratório, lápis e borracha para anotações).

CKA/SHUTTERSTOCK

PUHHHA/SHUTTERSTOCK

VELOCIDADE MÉDIA

Aula 1

INTRODUÇÃO: Cada móvel apresenta uma taxa de rapidez ao se deslocar por um trajeto. A essa taxa dá-se o nome de velocidade média, a qual é definida como a razão entre o deslocamento escalar e o intervalo de tempo gasto para que esse deslocamento ocorra:

$$v_m = \frac{\Delta s}{\Delta t}$$

A unidade de velocidade no Sistema Internacional de Unidades é o m/s, porém existem diversas outras unidades de velocidades, como o km/h, por exemplo, utilizado comumente aqui no Brasil. Logo, torna-se necessário em diversas situações realizar a conversão de m/s para km/h, e vice-versa.

$$1\ \frac{km}{h} = \frac{1.000\ m}{3.600\ s} = \frac{1}{3,6}\ \frac{m}{s} \longrightarrow \frac{m}{s} \xrightarrow{\times 3,6} \frac{km}{h} \qquad \frac{km}{h} \xrightarrow{\div 3,6} \frac{m}{s}$$

OBJETIVOS

- Compreender a diferença entre velocidade média e velocidade instantânea.
- Calcular, com base em uma situação real, a velocidade média de um ser humano.
- Realizar a conversão de velocidade de m/s para km/h, e vice-versa.

MATERIAIS

- trena de 30 metros
- cronômetro

PROCEDIMENTO

1. Utilizar a trena de 30 m para medir a distância existente entre dois pontos em local determinado pelo(a) professor(a). Estabelecer, assim, o deslocamento a ser percorrido.
2. Cada aluno deverá percorrer metade da distância estipulada andando devagar e a outra metade andando o mais rápido possível.
3. Com o auxílio de um cronômetro, medir o intervalo de tempo gasto pelos alunos do grupo no trajeto total.

4 Preencher a tabela abaixo com as informações coletadas, fazer o cálculo da velocidade média de cada integrante em m/s bem como sua conversão para km/h.

RESULTADO

Nome do aluno	Deslocamento (m)	Tempo (s)	Velocidade média (m/s)	Velocidade média (km/h)

CONCLUSÕES

1. Qual é a diferença entre velocidade média e velocidade instantânea?

____

____

____

____

2. Realizar as conversões de unidades abaixo para a grandeza física velocidade.

a) 35 m/s = _______ km/h

b) 15 m/s = _______ km/h

c) 36 km/h = _______ (no SI)

d) 108 km/h = _______ m/s

3. Qual é a velocidade, no SI, de um móvel que percorre 14,4 km em 3 minutos?

Aula 2

TENTATIVA DE MOVIMENTO UNIFORME

INTRODUÇÃO: Por meio de um gráfico podemos mostrar como uma grandeza física varia em função de outra.

Em movimentos perfeitamente uniformes, obtemos a figura de uma reta no gráfico s × t, no qual mostramos a variação da posição de um corpo em função do tempo.

OBJETIVOS

- Representar, por meio de um gráfico, o movimento realizado por um aluno.
- Aprender a traçar uma reta média e a calcular a velocidade média de um corpo por meio de um gráfico s × t.

MATERIAIS

- trena de 30 metros
- cronômetro
- régua

PROCEDIMENTO

1. Esticar sobre o piso a trena de 30 m.
2. Marcar com um giz as posições múltiplas de 5 m (5 m, 10 m, 15 m, 20 m, 25 m e 30 m).
3. Por meio da marcação parcial do cronômetro, determinar o intervalo de tempo em que o aluno, caminhando da forma mais uniforme possível, atinge as posições do item anterior.
   (Importante: começar a caminhada alguns metros antes da posição zero para estabilizar ao máximo a velocidade.)
4. Completar a tabela da página seguinte.
5. Marcar no gráfico os pontos encontrados.
6. Traçar uma reta média.
7. Calcular a velocidade média do integrante do grupo com base na reta média.

RESULTADOS E CONCLUSÕES

s (m)	t (s)
0	
5	
10	
15	
20	
25	
30	

1. Marcar cada um dos pontos no gráfico espaço (s) × tempo (t) e traçar a reta média.

ROTEIRO PARA OBTER UM BOM GRÁFICO

- Escolher a área do papel onde será montado o gráfico.
- Desenhar os eixos claramente: a variável dependente deve estar sempre no eixo vertical (y) e a variável independente no eixo horizontal (x).
- Marcar nos eixos as escalas, escolhendo divisões que resultem em fácil leitura de valores intermediários (por exemplo, divida de 2 em 2, e não de 7,7 em 7,7). As escalas dos dois eixos não precisam, necessariamente, ser iguais.
- Se possível, cada um dos eixos deve começar em zero.
- Marcar abaixo do eixo horizontal e ao lado do eixo vertical o nome da variável ali representada e, entre parênteses, as unidades usadas.
- Marcar cada um dos pontos do gráfico cuidadosa e claramente.
- Escrever, na parte superior do gráfico, o título do gráfico. Todo gráfico deve ter um título.

ALEXHLIV/SHUTTERSTOCK

TÍTULO: ______________________________

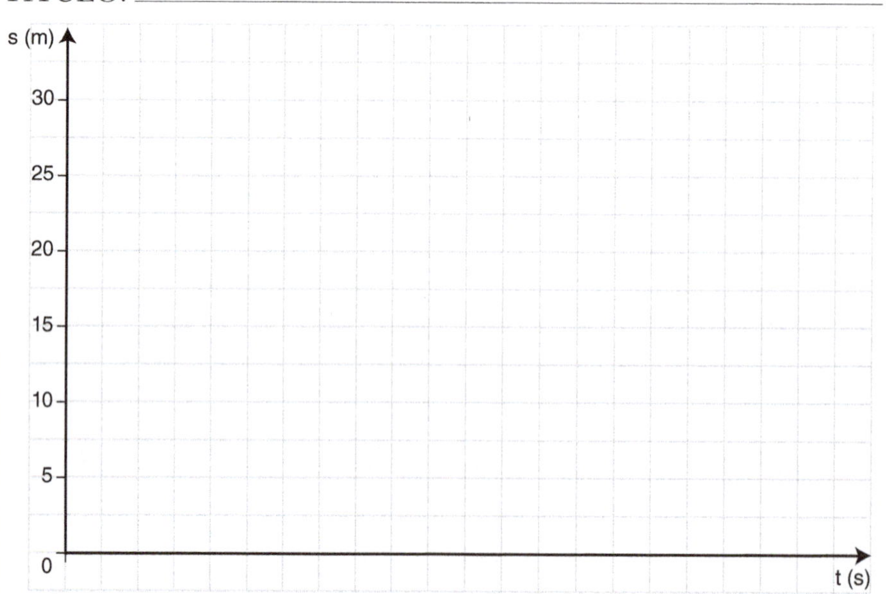

MÓNICA ROBERTA SUGUIYAMA/acervo da editora

OBSERVAÇÃO: Em movimentos perfeitamente uniformes, obtemos a figura de uma reta no gráfico s × t. Porém, como é praticamente impossível que o integrante do grupo caminhe sempre com a mesma velocidade, os pontos encontrados não formarão uma reta perfeita, denunciando que o movimento é variado. Nesse caso, traçamos uma reta média, a qual deverá passar o mais próximo possível de todos os pontos, procurando deixar a mesma quantidade de pontos acima e abaixo dela, nos propiciando a simulação do movimento uniforme mais próximo do movimento realizado. Exemplo:

Gráfico do movimento uniforme

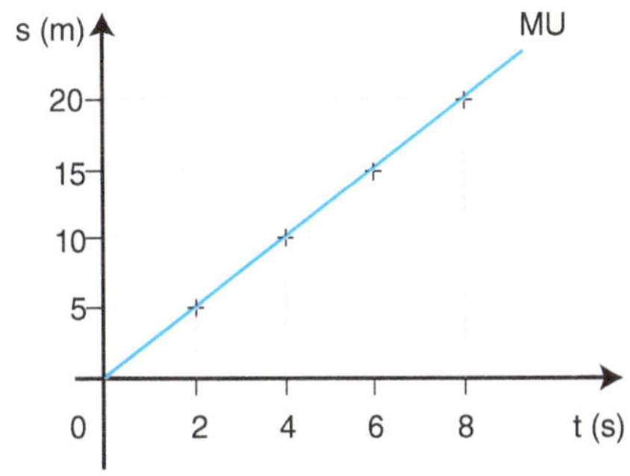

Reta média – Simulação de um MU

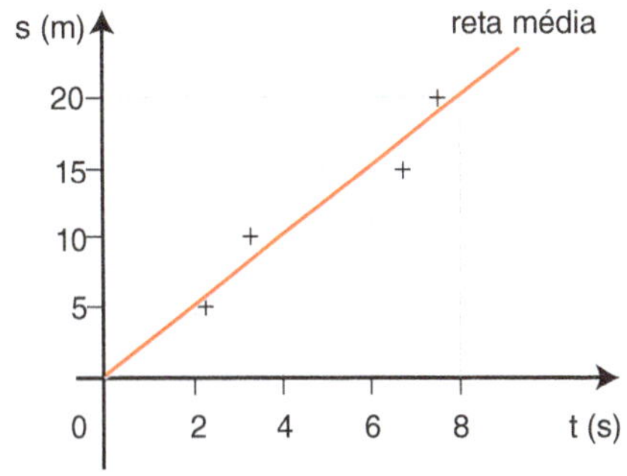

MÔNICA ROBERTA SUGUIYAMA/acervo da editora

2. Com base na reta média encontrada, determinar a velocidade média do integrante do grupo.

$$v_m = \frac{\Delta s}{\Delta t} = \frac{(s_f - s_i)}{(t_f - t_i)} =$$

Aula 3 e 4

ENCONTRO DE MÓVEIS

INTRODUÇÃO: No estudo do Movimento Uniforme, podemos determinar de diferentes formas o instante e a posição do encontro de dois móveis.

OBJETIVOS

- Compreender as diferentes formas de analisar dados.
- Determinar o instante e a posição do encontro de objetos móveis que se deslocam na mesma direção e sentidos opostos.

MATERIAIS

- plano inclinado
- tubo plástico vedado contendo um líquido viscoso, uma esfera metálica e uma bolha de ar no seu interior
- ímã
- cronômetro
- metro de madeira acoplado ao plano inclinado

Experimento 1

PROCEDIMENTO

1. Manter o tubo na vertical até que a BOLHA chegue ao topo.
2. Prender com o ímã a ESFERA na outra extremidade do tubo e apoiar o tubo no plano inclinado, posicionando a esfera no marco ZERO do metro.
3. Abaixar a extremidade do tubo onde está a bolha até a posição 100 cm do metro, de forma que o tubo fique paralelo ao plano inclinado.
4. A BOLHA começará a subir. Quando chegar à posição 80 cm, soltar a ESFERA e disparar o cronômetro.
5. Determinar experimentalmente o instante, com o uso do cronômetro, e a posição, por meio da simples observação, em que a ESFERA e a BOLHA se encontram. Anotar os resultados.

RESULTADO

Instante do encontro*	Posição do encontro*

* Registrar o observado na tabela final de comparação.

Experimento 2

PROCEDIMENTO

1. Repetir o procedimento anterior duas vezes, uma para registrar os dados da bolha e outra para o registro dos dados da esfera.
2. Fazer as leituras dos instantes para cada uma das posições indicadas nas tabelas abaixo. Anotar os valores obtidos.

RESULTADO

ESFERA		
Posição (cm)	Instante	
	Leitura do cronômetro	Conversão para segundos (s)
0		
20		
40		
60		
80		

CÁLCULO DA VELOCIDADE DA ESFERA

Utilizando as posições e instantes iniciais e finais, calcular aqui a velocidade da ESFERA:

$v_E =$ ____________

Equação horária do espaço para a ESFERA:

BOLHA		
Posição (cm)	Instante	
	Leitura do cronômetro	Conversão para segundos (s)
80		
60		
40		
20		
0		

CÁLCULO DA VELOCIDADE DA BOLHA

Utilizando as posições e instantes iniciais e finais, calcular aqui a velocidade da BOLHA:

$v_B =$ ____________

Equação horária do espaço para a BOLHA:

Instante do encontro*	Posição do encontro*
Calcular o instante do encontro, igualando as equações horárias:	Calcular a posição do encontro, substituindo o valor do instante, calculado anteriormente, em uma das equações horárias:
Instante do encontro:	Posição do encontro:

* Registrar o instante e a posição do encontro obtidos no Experimento 2 na tabela final de comparação.

CONSTRUÇÃO DO GRÁFICO

1. Construir, em um mesmo sistema de eixos, um gráfico que represente o movimento da esfera e um que represente o movimento da bolha. Para isso, extrair da tabela anterior os pares posição e tempo da ESFERA e marcar com um ponto no quadriculado abaixo.
2. Traçar uma "reta média".
3. Repetir o mesmo procedimento para os dados do movimento da BOLHA.
4. Destacar o ponto onde as retas médias da ESFERA e da BOLHA se cruzam. Registrar o instante e a posição do encontro na tabela final de comparação.

RESULTADOS

TÍTULO: ____

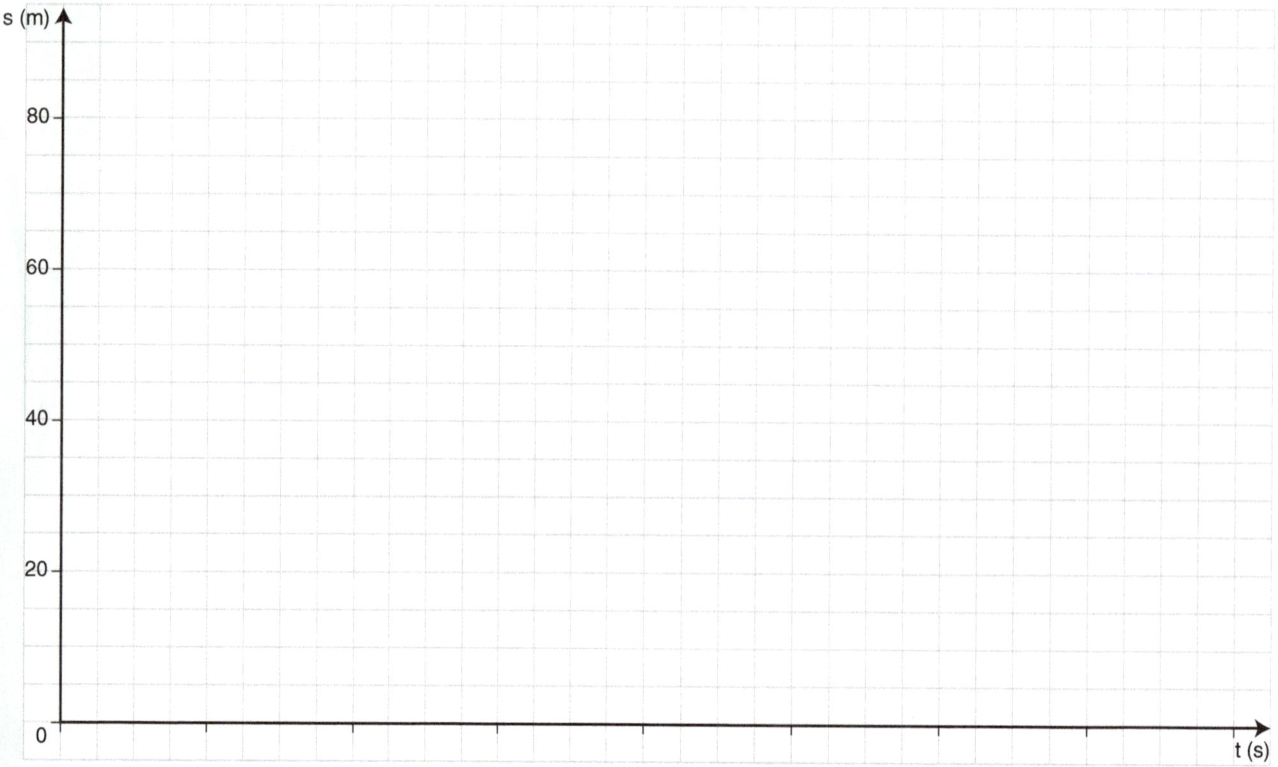

MÔNICA ROBERTA SUGUIYAMA/acervo da editora

Instante do encontro*	Posição do encontro*

* Registrar os valores obtidos na tabela final de comparação.

CONCLUSÃO – TABELA FINAL DE COMPARAÇÃO

	Observação experimental	Por meio das funções horárias	Por meio do gráfico
Instante do encontro			
Posição do encontro			

QUEDA LIVRE

Aula 5

INTRODUÇÃO: A queda livre é um tipo de movimento uniformemente variado que ocorre na direção vertical, com sentido para baixo, no qual um corpo abandonado do repouso aumenta sua velocidade de forma constante, de acordo com a aceleração da gravidade do local. Esta sofre variações dependendo da altitude e da localização no globo terrestre.

As equações utilizadas para o estudo da queda dos corpos são as mesmas que usamos na análise do movimento uniformemente variado (MUV). Nos estudos de queda livre de objetos próximos à superfície terrestre, desprezaremos a resistência do ar e consideraremos a aceleração da gravidade (g) constante e igual a, aproximadamente, $10\ m/s^2$.

OBJETIVO: Inferir sobre o tempo de queda de uma bola de tênis a partir de uma altura conhecida e comparar com o valor obtido experimentalmente.

MATERIAIS

- bolas de tênis
- cronômetro
- trena

PROCEDIMENTO

1. Determinar a altura fixa da queda:___________
2. Cada grupo deverá abandonar a bola de tênis cinco vezes a partir da altura conhecida.
3. Medir e anotar o tempo de queda, completar a tabela abaixo.
4. Calcular o tempo médio de queda.

Medida	TEMPO (s)			
	Grupo 1	Grupo 2	Grupo 3	Grupo 4
1				
2				
3				
4				
5				
Média de tempo				

5 Prever o tempo de queda a partir da equação dos espaços abaixo:

$$h = h_0 + v_0 \cdot t + \frac{g \cdot t^2}{2} \Rightarrow h = \frac{g \cdot t^2}{2}$$

em que h é a altura, g é a aceleração da gravidade e t é o tempo médio.

Tempo previsto de queda: __________

6 Comparar o tempo previsto de queda (obtido por meio da equação dos espaços) com o valor obtido experimentalmente.

CONCLUSÕES

1. O valor encontrado por seu grupo foi próximo do valor previsto?

____

2. Que fatores podem ter afetado a cronometragem do tempo de queda?

____

____

____

____

ONDAS SONORAS

Aula 6

INTRODUÇÃO: Onda é uma perturbação que se propaga transportando energia sem transportar matéria. Existem dois tipos básicos de ondas: as mecânicas e as eletromagnéticas. Enquanto as ondas eletromagnéticas, como, por exemplo, a luz, podem se propagar tanto em meio material quanto no vácuo, as ondas mecânicas se propagam apenas na presença de um meio material. As ondas sonoras são exemplos de ondas mecânicas, necessitando, portanto, de um meio material para se propagar.

Experimento 1

OBJETIVO: Construir um "telefone com fio" e verificar a propagação do som através dele.

MATERIAIS

- copos descartáveis com um furo no fundo
- pedaço de barbante de 2 metros (pelo menos)

PROCEDIMENTO

1. Prender (com nó) as extremidades do barbante, no fundo dos copos, pela parte interna.
2. Um aluno deve falar dentro de um dos copos, enquanto o outro aluno tenta escutar no outro copo (conforme ilustração abaixo).
3. Falar uma vez com o barbante esticado e outra sem que o barbante esteja esticado.

FABIO ALCINI/SHUTTERSTOCK

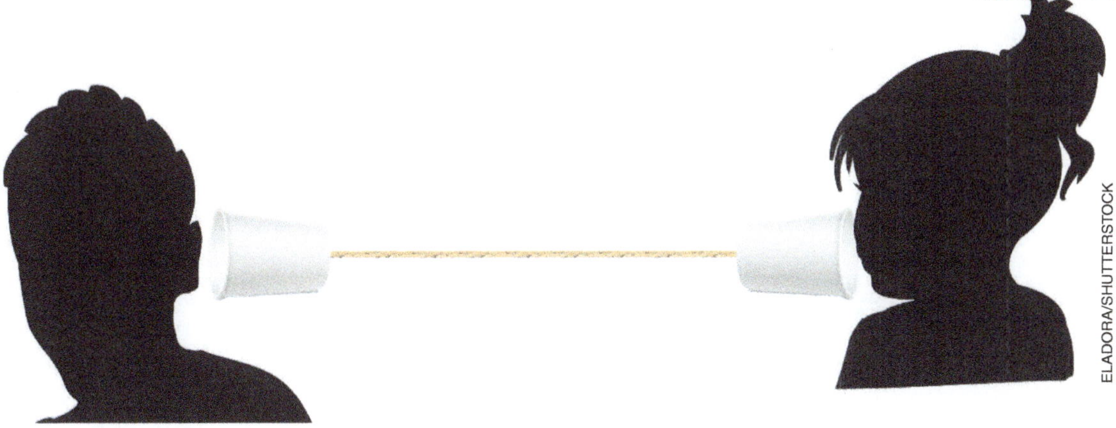

ELADORA/SHUTTERSTOCK

RESULTADOS

1. Qual é a diferença, para quem está escutando, quando o experimento é realizado com o barbante sem estar esticado e com ele esticado?

____

____

2. Qual é o caminho percorrido pelo som desde que sai da boca de um colega até alcançar o tímpano do outro aluno?

____

____

____

____

CONCLUSÃO

Haveria alteração, no som, se os copos descartáveis fossem substituídos por latas ou caixas de fósforo? Comente.

____

____

____

____

Complementos

1. "Linha cortada" – Com a mão livre, enquanto escuta o colega falar, aperte firmemente o barbante, impedindo-o de vibrar e solte-o em seguida. Repita o procedimento.
2. "Linha cruzada" – Cruze os telefones dois a dois, depois quatro a quatro, pelo centro do barbante. Mantendo os barbantes esticados, um aluno fala ao copo enquanto os outros escutam. Alternem-se.

Experimento 2

OBJETIVOS

- Simular o comportamento dos tímpanos, membranas que vibram conforme varia a pressão do ar.
- Compreender como as elevadas intensidades das ondas sonoras podem danificar os tímpanos.

MATERIAIS

- um balão de borracha ou filme plástico
- uma tesoura
- um tubo de PVC, de papelão ou uma lata com cerca de 10 cm de diâmetro
- um elástico
- uma fonte sonora
- um pouco de farinha

PROCEDIMENTO

1. Cortar o balão de borracha conforme a ilustração.
2. Montar a membrana vibratória com o balão de borracha cortado, prendendo-o bem esticado à borda do tubo. No caso do filme plástico, prendê-lo com a ajuda de um elástico, conforme ilustração abaixo.

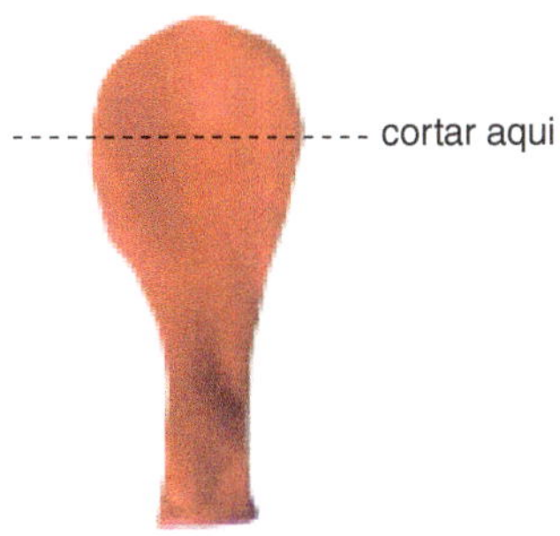

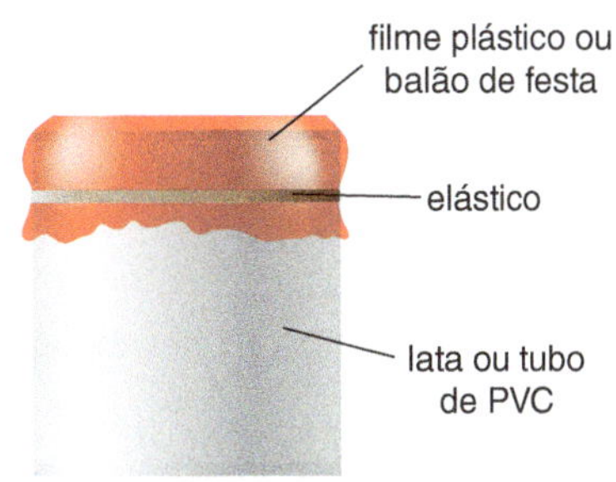

HIERARCH/SHUTTERSTOCK

3. Espalhar um pouco da farinha sobre a membrana.
4. Colocar o tubo próximo à fonte sonora.
5. Ligar a fonte sonora, aumentando, gradativamente, sua intensidade.

RESULTADOS

1. O que acontece com os grãos de farinha? Explique.

____

____

____

2. Há diferença no comportamento dos grãos dependendo da intensidade do som? Justifique.

____

____

ATENÇÃO: Observe que, após algum tempo, a elasticidade da membrana diminui, exigindo que seja novamente esticada ou substituída. Com os tímpanos não dá para fazer o mesmo!

Aula 7

ACÚSTICA – PRODUZINDO, REFLETINDO E ISOLANDO O SOM

INTRODUÇÃO: As ondas sonoras possuem algumas características, como frequência e amplitude, e se propagam mais facilmente em alguns meios do que em outros. Ondas com diferentes frequências resultam em sons mais graves ou mais agudos, enquanto ondas sonoras com diferentes amplitudes resultam em sons mais fortes ou mais fracos. Quando um meio não propaga bem o som, dizemos que ele é um bom isolante acústico.

OBJETIVOS

- Reconhecer algumas características das ondas sonoras, como frequência e amplitude.
- Identificar alguns fenômenos sonoros, como reforço e ressonância.
- Testar a eficiência de alguns materiais em isolar o som.

Experimento 1 – Produzindo sons de diferentes frequências

MATERIAIS

- 4 tubos de ensaio
- suporte para tubos de ensaio
- água

PROCEDIMENTO

1. Colocar água nos tubos de ensaio de forma que cada tubo fique com um pouco de água a menos que o outro, conforme ilustração abaixo..

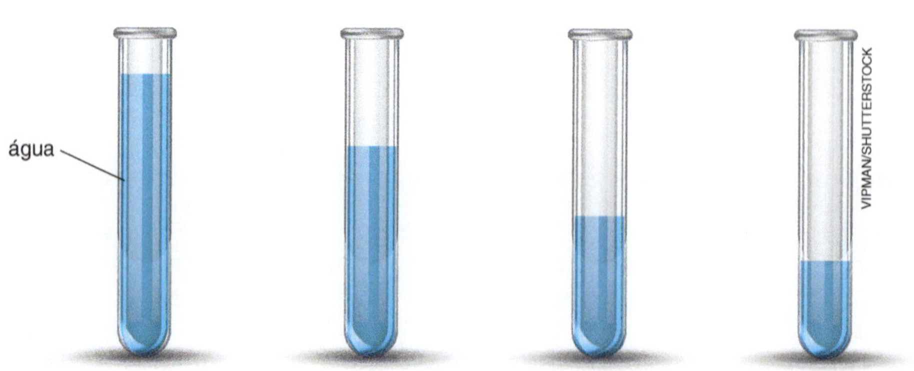

2. Soprar próximo à boca de cada tubo.

RESULTADO

Há diferença com relação à altura dos sons produzidos pelos diferentes tubos de ensaio? Se sim, qual?

____

CONCLUSÃO

De que maneira a quantidade de água influencia na altura do som?

____

____

____

Complemento

Observe o mesmo fenômeno do experimento acima em uma diferente situação: enquanto assopra a extremidade de um canudo, "escorregue" para cima uma das mãos que está fechando a outra extremidade do canudo. Note que o som se torna mais agudo conforme o espaço do canudo fica menor.

Experimento 2 – Aumentando a intensidade do som (1)

MATERIAIS

- 2 canudos
- prendedor de papel (clipe)
- copo descartável com furo no fundo

PROCEDIMENTO

1. Prender uma das extremidades de um dos canudos no fundo do copo com um clipe para que ele não se solte, conforme ilustração ao lado. Reservar.
2. Com uma das mãos segurar uma extremidade do outro canudo.
3. Molhar a ponta dos dedos da mão livre, apertar o canudo um pouco acima da outra mão e escorregá-lo até a extremidade livre.
4. Repetir o procedimento com o canudo preso ao fundo do copo.

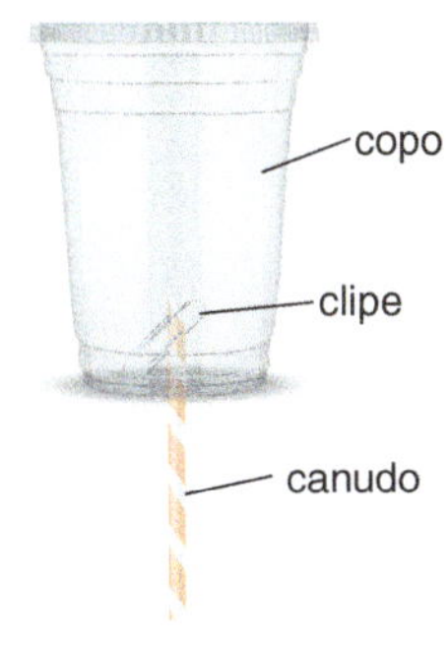

VITAMIN CO/SHUTTERSTOCK

RESULTADO E CONCLUSÃO: Qual é a diferença entre o som emitido pelo canudo quando está solto e quando está preso no copo? Explique.

____

____

____

Experimento 3 – Aumentando a intensidade do som (2)

MATERIAIS

- diapasão
- caixa de ressonância

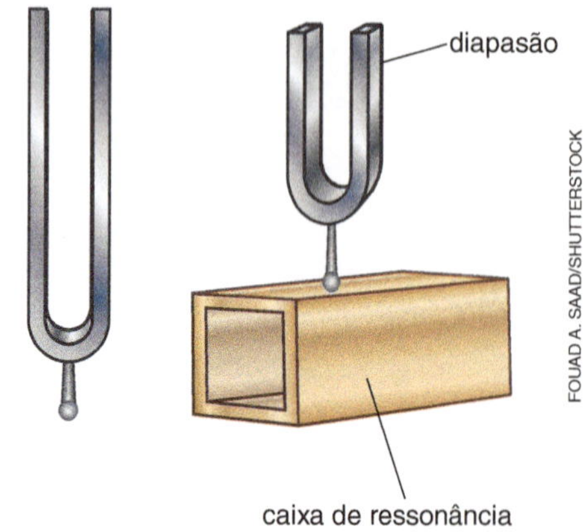

PROCEDIMENTO

1. Escutar o som produzido pelo diapasão quando está sozinho e quando está junto à caixa.

RESULTADO E CONCLUSÃO

Qual é o fenômeno sonoro que podemos observar quando o diapasão está junto à caixa? Por quê?

____

____

____

Experimento 4 – Isolando o som

MATERIAIS

- 1 despertador pequeno a pilha
- 4 caixas de papelão forradas internamente com diferentes materiais (por exemplo, isopor, caixa de ovo, espuma, lã, jornal)
- 1 caixa de papelão sem forro

PROCEDIMENTO

1. Colocar o despertador tocando dentro de cada uma das caixas.
2. Comparar o som propagado em cada uma das situações.

RESULTADOS E CONCLUSÕES

1. Qual material você acha que funcionou como melhor isolante acústico?

____

2. Existiria uma maneira ou um material capaz de isolar perfeitamente o som? Qual?

____

____

Aula 8

ESPELHOS PLANOS

INTRODUÇÃO: Um espelho plano é uma superfície plana e bem polida que reflete muito bem a luz.

OBJETIVO: Entender a formação de imagens em espelhos planos.

Experimento 1

MATERIAIS

- 1 espelho plano
- 2 objetos idênticos
- 1 fonte de luz laser
- papel milimetrado
- 1 folha de papel sulfite com a imagem de um transferidor

PROCEDIMENTO 1

1. Colocar o espelho sobre o desenho do transferidor e traçar uma reta perpendicular a ele (reta normal), conforme esquema ao lado.
2. Fazer incidir sobre o espelho um feixe de laser de tal forma que encontre a reta normal (no espelho) formando um ângulo de 60° com ela.
3. Observar os raios incidente e refletido no papel.
4. Medir o ângulo de reflexão correspondente.
5. Repetir o procedimento mudando o ângulo de incidência.

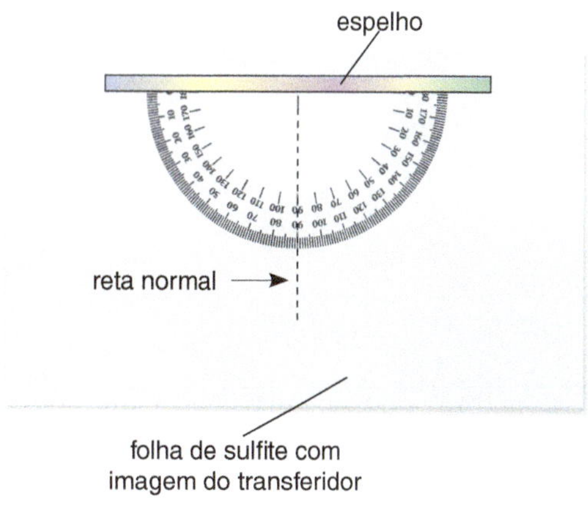

ARTEM GRAF/SHUTTERSTOCK

RESULTADO

Esquematizar, na imagem ao lado, os raios incidente e refletido bem como os ângulos de incidência e reflexão para uma das situações testadas.

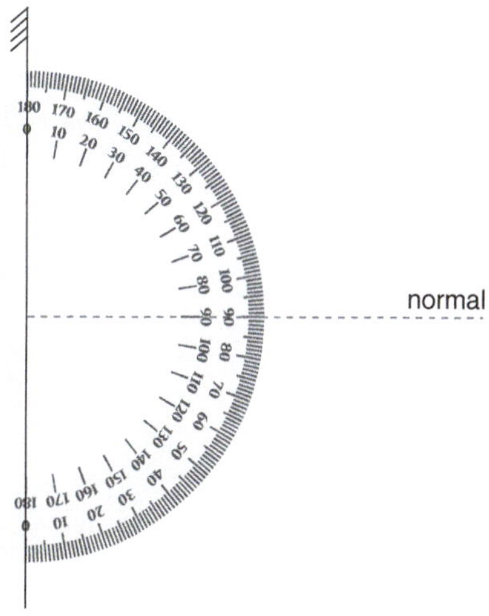

ARTEM GRAF/SHUTTERSTOCK

CONCLUSÕES

1. O que ocorre com o ângulo de reflexão, quando o ângulo de incidência é aumentado?

2. Qual é o ângulo de reflexão quando a luz incide perpendicularmente ao espelho? Por quê?

3. O que podemos concluir sobre a relação entre os ângulos de incidência e de reflexão?

PROCEDIMENTO 2

1. Colocar o espelho no meio do papel milimetrado, conforme ilustração abaixo.
2. Um dos alunos deverá segurar um objeto na frente do espelho.
3. O aluno que estiver olhando para o espelho deverá posicionar o outro objeto atrás do espelho de modo que ele se encaixe perfeitamente com a imagem do primeiro (ver esquema a seguir).

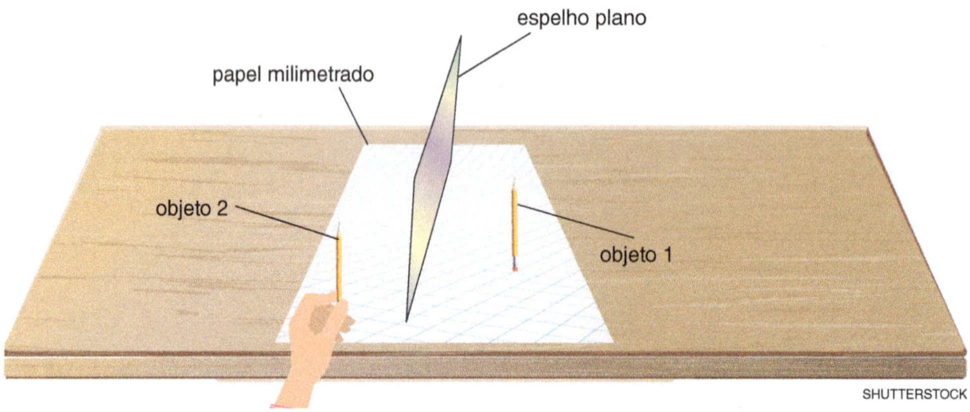

SHUTTERSTOCK

4. Medir a distância entre o espelho e o objeto e entre a imagem e o espelho.
5. Repetir o procedimento mudando a posição do objeto.
6. Tentar prever onde está sendo formada a imagem de um objeto. Colocar o segundo objeto na posição esperada e conferir.

RESULTADOS E CONCLUSÕES

1. O que se pode concluir com relação à distância entre o objeto e o espelho e à distância entre o espelho e a imagem?

2. Quais são as características da imagem de um espelho plano?

____

____

Experimento 2

OBJETIVO: Relacionar o ângulo entre dois espelhos com o número de imagens formadas por estes.

MATERIAIS

- 2 espelhos planos
- 1 folha de papel sulfite com a imagem de um transferidor
- 1 objeto (borracha, moeda, tampa de caneta, por exemplo)

PROCEDIMENTO

1. Colocar um dos espelhos sobre a imagem do transferidor e o outro, formando um ângulo de 90° com o primeiro.
2. Posicionar o objeto na frente de um dos espelhos (espelho 1), que permanecerá fixo.
3. Deslocar o espelho 2, variando o ângulo entre os espelhos, conforme esquema ao lado.

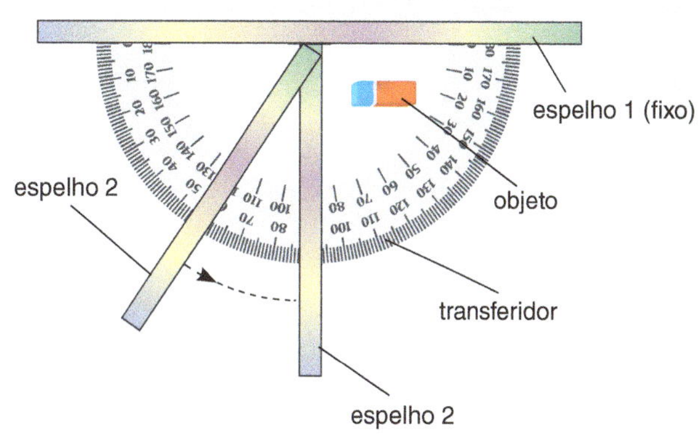

ARTEM GRAF/SHUTTERSTOCK

4. Observar o número de imagens formadas para cada situação apresentada a seguir e completar a tabela.

RESULTADO

Ângulo entre os espelhos	Número de imagens	Ângulo entre os espelhos	Número de imagens
30°		90°	
45°		120°	
60°		180°	

CONCLUSÃO

Qual é a relação entre o ângulo entre os espelhos e o número de imagens formadas?

____

____

Aula 9

ESPELHOS ESFÉRICOS E ESPELHOS PLANOS

INTRODUÇÃO: Um espelho esférico é uma superfície refletora que tem a forma de uma calota esférica. Ele pode ser côncavo ou convexo.

OBJETIVOS

- Comparar o tipo de imagem formada e o campo visual nos espelhos plano, côncavo e convexo.
- Aprender a localizar o foco de um espelho côncavo.

MATERIAIS

- 1 espelho plano
- espelhos côncavos e convexos ou conchas e colheres de inox bem polidas e brilhantes
- 1 lápis ou caneta

Experimento 1

PROCEDIMENTO

1. Encostar a ponta da caneta ou lápis na parte central interna (côncava) da concha.
2. Observar a imagem formada nessa situação.
3. Afastar o objeto da concha e observar o que ocorre com a imagem.
4. Repetir o procedimento com a parte externa (convexa) da concha e com o espelho plano.
5. Observar o campo visual de cada espelho e o tipo de imagem formada em cada situação.

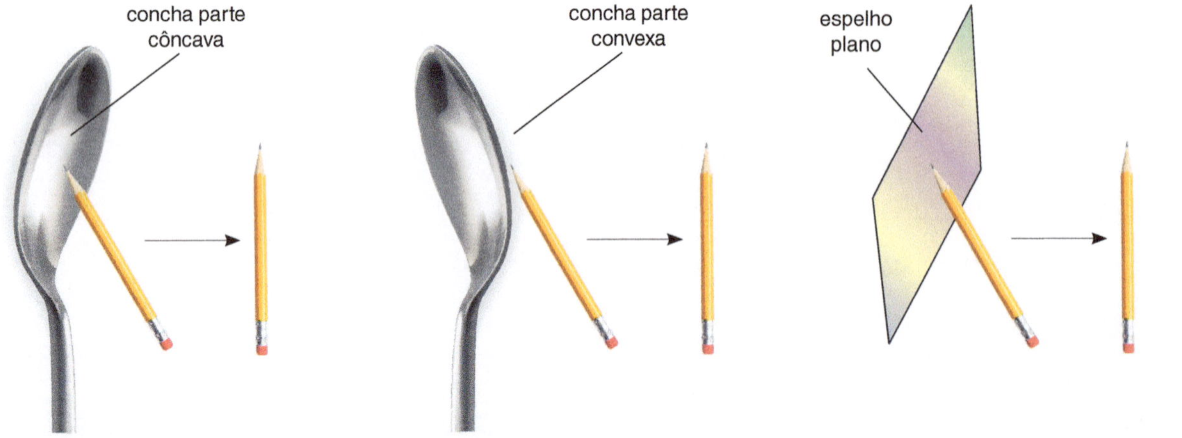

NATYKACH NATALIIA/SHUTTERSTOCK

RESULTADO: Completar a tabela abaixo.

ESPELHO	POSIÇÃO DO OBJETO COM RELAÇÃO AO ESPELHO	IMAGEM				
		Maior	Menor	Igual	Direita	Invertida
CÔNCAVO	próximo					
	distante					
CONVEXO	próximo					
	distante					
PLANO	próximo					
	distante					

CONCLUSÕES

1. Que tipo de espelho devemos utilizar quando queremos ampliar a imagem de um objeto?

____

2. E quando precisamos ampliar o campo visual?

____

Experimento 2

PROCEDIMENTO

1. Repetir novamente o procedimento da atividade 1 com a face côncava da concha ou colher, mas agora mais lentamente.
2. Encontrar o foco desse espelho sabendo que este se localiza na posição em que, colocando o objeto, não há formação de imagem no espelho côncavo.

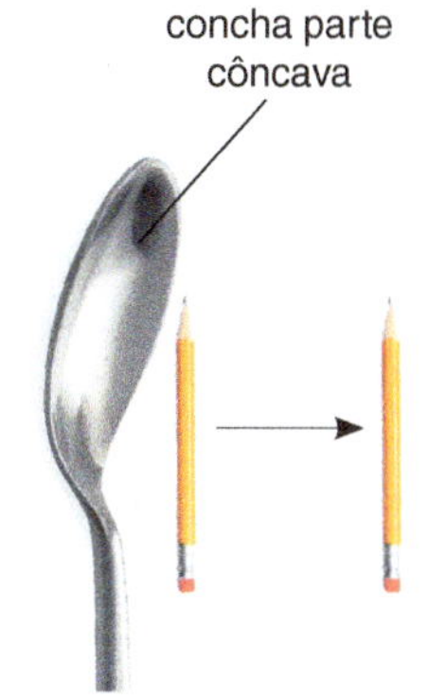

CONCLUSÃO

Como é chamada a imagem de um objeto colocado no foco de um espelho côncavo?

____

Aula 10

CIRCUITOS ELÉTRICOS

INTRODUÇÃO: Circuito elétrico é um conjunto de aparelhos que, unidos, permitem a passagem de uma corrente elétrica, ou seja, o movimento ordenado de elétrons. Um circuito simples pode ser montado utilizando um gerador, que fornece energia para o circuito, fios condutores, que conduzem a corrente elétrica, e, pelo menos, um aparelho que se alimenta da corrente elétrica (como uma lâmpada, por exemplo). A instalação de uma chave ou um interruptor permite, quando necessário, a interrupção do fluxo de elétrons no fio condutor.

OBJETIVOS

- Reconhecer alguns elementos que podem compor um circuito elétrico.
- Montar um circuito elétrico em série e um em paralelo.
- Comparar o funcionamento dos dois circuitos montados.

MATERIAIS

- fios condutores
- interruptores
- placas de acrílico perfuradas
- quatro lâmpadas LED
- quatro pilhas 1,5 V
- porcas borboleta
- dois suportes para duas pilhas 1,5 V

PROCEDIMENTO

1. Utilizando o material disponível, construir dois circuitos elétricos, um com uma associação de lâmpadas em série e outro com uma associação de lâmpadas em paralelo.
2. Para cada circuito montado, fazer as previsões descritas abaixo e registrá-las em "Resultados", sempre com base em seus conhecimentos teóricos.
3. Testar experimentalmente suas previsões e registrar suas observações.

RESULTADOS

1. Esquematize os circuitos construídos, identificando gerador, condutor, resistor, interruptor.

Circuito em série	Circuito em paralelo

2. Compare o brilho das lâmpadas ligadas em série e em paralelo. Em qual dos arranjos elas brilham mais?

____

____

3. O que acontece se desconectarmos a primeira lâmpada do circuito em paralelo?

Previsão: ____

Observação experimental: ____

4. O que acontece se desconectarmos a última lâmpada do circuito em paralelo?

Previsão: ____

Observação experimental: ____

5. O que acontece se desconectarmos a primeira lâmpada do circuito em série?

Previsão: ____

Observação experimental: ____

6. O que acontece se desconectarmos a última lâmpada do circuito em série?

Previsão: ____

Observação experimental: ____

CONCLUSÕES

1. Qual das associações é mais viável para uma instalação elétrica residencial? Explique.

____

____

____

2. Às vezes, quando uma das lâmpadas de um pisca-pisca de Natal "queima", a parte seguinte do circuito daquele fio se apaga. Que tipo de associação está sendo utilizada nesse caso?

____

____

____

Aula 11

DENSIDADE DE SÓLIDOS

INTRODUÇÃO: A densidade (d), que é a relação entre a massa (m) de um material e o seu volume (V), é uma propriedade específica da matéria que pode ser utilizada para identificar se um material é puro ou se é uma mistura. Ela é uma medida experimental, feita normalmente à temperatura de 20 °C e pressão de 1 atm, já que a densidade varia com a temperatura.

OBJETIVOS

- Determinar a densidade de diferentes sólidos.
- Identificar o material presente em diferentes amostras por meio da densidade calculada.

MATERIAIS

- balança
- provetas de 10 mL
- água
- barras de diferentes materiais metálicos

PROCEDIMENTO

1. Usando a balança, determinar a massa da amostra metálica. Anotar na tabela da página seguinte o valor obtido.
2. Para determinar o volume, colocar aproximadamente 5 mL de água na proveta (ou o suficiente para cobrir a amostra, sem atingir seu volume máximo de 10 mL).
3. Ler o volume da água conforme figura abaixo e anotar, para cada amostra, os valores na coluna "volume inicial" da tabela.

SPREADTHESIGN/SHUTTERSTOCK

4. Inclinar a proveta e introduzir a amostra, deixando-a escorregar lentamente até o fundo, para não espirrar água e para que a proveta não se quebre. Anotar o novo volume de cada amostra na coluna "volume final" da tabela.

5 Calcular o volume da amostra, que é a diferença entre o volume final e o volume inicial.

6 Calcular a densidade de cada amostra por meio da fórmula: $d = \frac{m}{V}$.

RESULTADOS

Amostra	Massa (g)	Volume inicial (mL)	Volume final (mL)	Volume da amostra (mL)	Densidade (g/mL)
1					
2					
3					

DENSIDADE DE ALGUNS METAIS (20 °C, 1 atm)

Metal	Densidade (g/mL)	Metal	Densidade (g/mL)
Ferro	7,84	Cobre	8,9
Chumbo	11,35	Bário	3,6
Alumínio	2,70	Prata	10,5
Zinco	7,1	Ouro	19,3

CONCLUSÕES

1. Foi possível identificar a composição de todas as amostras de metais? Se sim, identifique a(s) amostra(s) e o metal que a(s) forma(m).

____

____

2. Caso você faça o mesmo experimento utilizando uma amostra maior do metal, haverá alteração na densidade? Justifique.

____

____

3. Explique como é possível calcular o volume de uma chave (sólido irregular).

____

____

Aula 12

DENSIDADE DE LÍQUIDOS

INTRODUÇÃO: É possível determinar a densidade de líquidos de duas maneiras:

(a) por meio da determinação experimental da massa e do volume;

(b) utilizando densímetros. O densímetro é uma haste graduada, cuja parte inferior é preenchida com chumbo. O densímetro, quando colocado em um líquido, deve flutuar e permanecer parado na graduação que coincide com a densidade do líquido.

OBJETIVO: Determinar a densidade de diferentes líquidos, utilizando duas técnicas distintas.

MATERIAIS

- provetas (10 mL e 500 mL)
- água destilada e água de torneira
- sal de cozinha
- béquer
- álcool etílico
- densímetros com diferentes escalas

Experimento 1

PROCEDIMENTO

1. Medir a massa de uma proveta de 10 mL, vazia e seca (m_1). Anotar o valor na tabela abaixo.
2. Colocar um volume qualquer de água destilada (V) e anotar.
3. Medir a massa da proveta com a água destilada (m_2) e anotar.
4. Calcular a massa do líquido ($m_{líq}$) e anotar o valor na tabela.
5. Calcular a densidade (d) utilizando os dados obtidos e anotar.
6. Repetir o procedimento usando álcool.

RESULTADO

Material	m_1 (g) (proveta)	m_2 (g) (proveta + líquido)	$m_{líq} = m_2 - m_1$	V (mL)	d (g/mL)
Água destilada					
Álcool					

Experimento 2

PROCEDIMENTO

1. Colocar 500 mL de água destilada em uma proveta, colocar o densímetro e deixar flutuar. Fazer a leitura da densidade na graduação do densímetro.
2. Repetir o procedimento com o álcool.
3. Colocar 500 mL de água de torneira em uma proveta e duas colheres bem cheias de sal, observar o volume. Utilizando o densímetro, determinar a densidade dessa mistura.

RESULTADOS E CONCLUSÕES

1. Pode-se usar qualquer densímetro, independentemente da escala, para se determinar a densidade de um líquido? Justifique.

____

____

____

____

2. O volume da mistura água + sal praticamente não variou em comparação com o volume inicial de água. Explique por que isso ocorre.

____

____

____

____

3. A densidade da mistura água e sal variou em relação à da água pura? Justifique.

____

____

____

____

Aula 13

MUDANÇAS DE ESTADO FÍSICO – EBULIÇÃO

INTRODUÇÃO: A ebulição é um tipo de mudança de estado físico que ocorre quando aquecemos determinado líquido até ocorrer a passagem para o estado gasoso. Nesse tipo de vaporização, a mudança de estado físico ocorre em toda extensão da amostra líquida e pode-se observar a formação de bolhas. O ponto de ebulição é específico para cada substância pura, sendo, portanto, uma propriedade específica da matéria, e ele pode variar de acordo com a pressão atmosférica.

OBJETIVO: Observar a variação da temperatura de determinadas amostras durante a ebulição.

MATERIAIS

- aquecedor elétrico
- água destilada
- termômetro
- cronômetro
- béquer
- sal
- suporte universal

PROCEDIMENTO

1. Em um béquer, aquecer uma porção de água destilada, medindo a temperatura a cada 2 minutos.
2. Em outro béquer, realizar o mesmo procedimento usando a mistura água e sal.
3. Anotar os dados nas tabelas correspondentes.

RESULTADOS

ÁGUA DESTILADA	
Tempo (min)	Temperatura (°C)
0	
2	
4	
6	
8	

ÁGUA E SAL	
Tempo (min)	Temperatura (°C)
0	
2	
4	
6	
8	

ÁGUA DESTILADA	
Tempo (min)	Temperatura (°C)
10	
12	
14	
16	
18	
20	
22	
24	
26	
28	
30	

ÁGUA E SAL	
Tempo (min)	Temperatura (°C)
10	
12	
14	
16	
18	
20	
22	
24	
26	
28	
30	

Faça os gráficos dos resultados.

TÍTULO: ______________________________

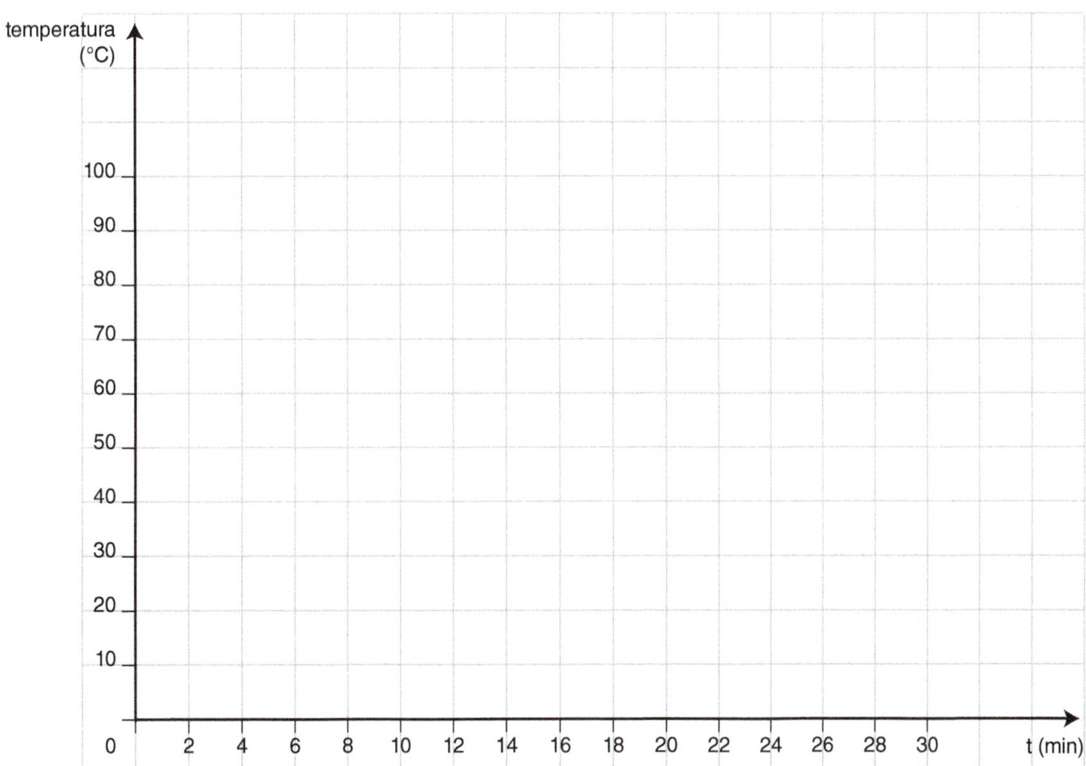

TÍTULO: ______________________________

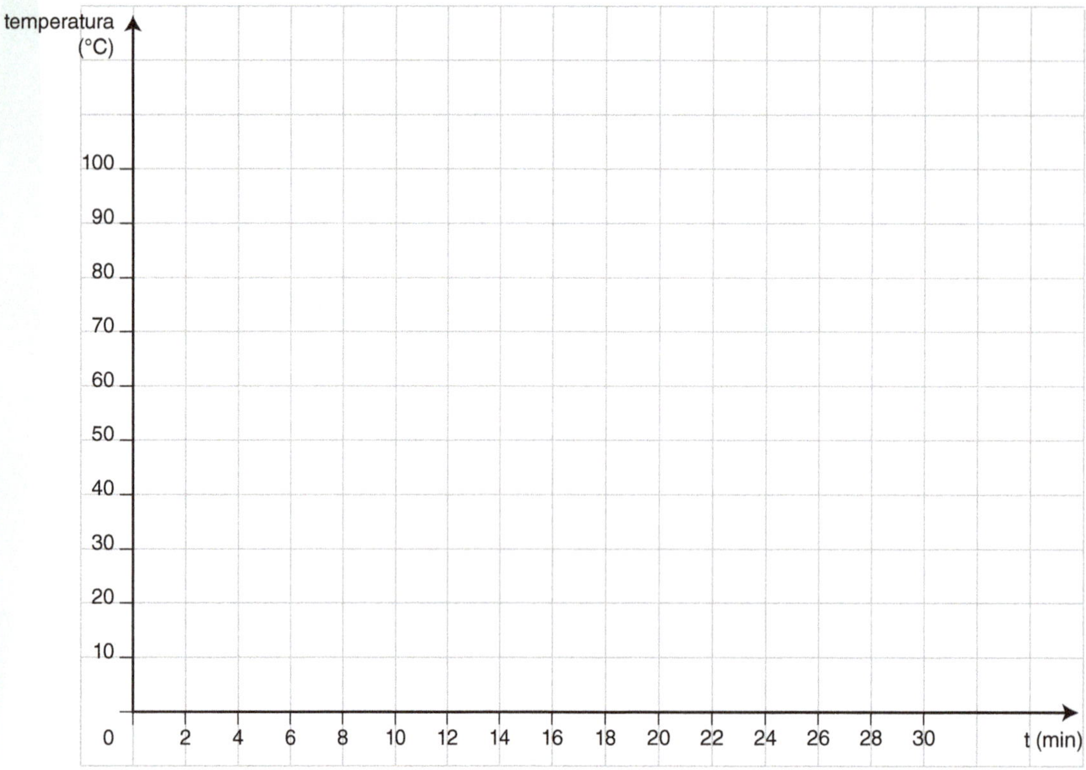

MÔNICA ROBERTA SUGUIYAMA/acervo da editora

CONCLUSÕES

1. É possível, a partir dos resultados obtidos, diferenciar as amostras em substância pura ou mistura. Explique como.

____

____

____

____

2. Se os experimentos fossem realizados em regiões de menor altitude, em uma cidade de praia, por exemplo, os resultados seriam os mesmos? Justifique.

____

____

____

____

Aula 14

SOLUBILIDADE

INTRODUÇÃO: Solução é um tipo de mistura homogênea, formada por um **soluto** (substância dissolvida) e por um **solvente** (substância que dissolve a outra). No caso de soluções aquosas, a água é considerada o solvente da solução; no caso de outras soluções, o solvente será a substância encontrada em maior quantidade.

A quantidade máxima, em massa, de soluto que pode ser dissolvida em determinada massa de solvente é chamada **coeficiente de solubilidade** ou **solubilidade**, sendo uma propriedade específica da matéria. Um fator que altera a solubilidade é a temperatura.

Solução **saturada** é aquela cujo solvente já dissolveu a quantidade máxima de soluto em determinada temperatura.

OBJETIVOS

- Preparar uma solução saturada.
- Verificar a quantidade de soluto presente na solução saturada.
- Observar a variação da solubilidade em relação à temperatura e construir uma curva de solubilidade.

MATERIAIS

- balança
- aquecedor elétrico
- papel-filtro
- suporte universal
- água destilada
- sal inorgânico (por exemplo: cloreto de potássio, nitrato de sódio; de preferência, evitar cloreto de sódio)
- bastão de vidro
- funil de vidro
- béquer
- termômetro

PROCEDIMENTO

1. Determinar a massa do papel-filtro e anotar o valor obtido.
2. Separar uma porção do sal escolhido e, utilizando a balança, determinar sua massa (para facilitar os cálculos posteriores, de preferência utilizar massas múltiplas de 5 g ou 10 g). Registrar o valor na tabela da página 37.
3. Em um béquer, aquecer determinado volume de água destilada (de preferência, 100 mL, 50 mL, 25 mL ou 10 mL, para facilitar os cálculos). Registrar na tabela o volume de água utilizado.
4. Quando a água atingir ebulição, acrescentar o sal escolhido para o experimento e misturar, utilizando para isso o bastão de vidro.

5 Parar de mexer e observar se ocorreu a formação de um precipitado (corpo de fundo).

6 Se não ocorreu a formação do corpo de fundo, separar mais uma amostra de sal e repetir o procedimento.

7 Após observar a formação do corpo de fundo, utilizar o termômetro para determinar a temperatura da solução. Anotar o valor obtido na tabela.

8 Agitar novamente a solução, de maneira que o corpo de fundo fique em suspensão. Filtrar a solução. Verificar se não ficou sal no fundo do béquer.

9 Deixar a solução escorrer, retirar o papel-filtro do funil e determinar a massa do sal que ficou retido no papel-filtro. Anotar o valor obtido na tabela e subtrair a massa do papel-filtro para obter a massa de precipitado.

10 Após observar a demonstração do professor, os alunos devem repetir os mesmos procedimentos descritos e realizados por ele, porém adaptando os passos 3 e 4 para testar a solubilidade em diferentes temperaturas da água. Escolher pelo menos mais duas temperaturas diferentes, sendo que uma delas pode ser a água à temperatura ambiente, uma amostra de água gelada (que pode ser uma amostra recém retirada do refrigerador ou que foi resfriada pela adição de gelo) e uma amostra de água morna (que deverá ser aquecida, mas sem atingir ebulição).

11 Efetuar os cálculos necessários para preencher a última coluna da tabela e determinar a solubilidade do sal utilizado para cada 100 g de água. Por exemplo:

$$m_D = 10\ g \ \text{———} \ m_A = 20\ g$$

$$\text{solubilidade} \ \text{———} \ m = 100\ g$$

$$\text{solubilidade} = \frac{10 \times 100}{20} = 50\ g/100\ g \text{ de água}$$

12 Plotar os dados da temperatura e solubilidade na grade do gráfico e construir a curva de solubilidade.

RESULTADOS

Sal utilizado: ______________________________

Massa do papel-filtro: ______________________________

Para preencher a tabela da página seguinte, considere:

- m_T = massa do sal adicionada
- m_P = massa do precipitado
- m_D = massa do sal dissolvida
- m_A = massa da água
- densidade da água = 1 g/mL, ou seja, cada 1 mL de água equivale a 1 g

Temperatura (°C)	m_T (g)	m_P (g)	m_D (g)	m_A (g)	Solubilidade (g/100 g de H_2O)

TÍTULO: ____

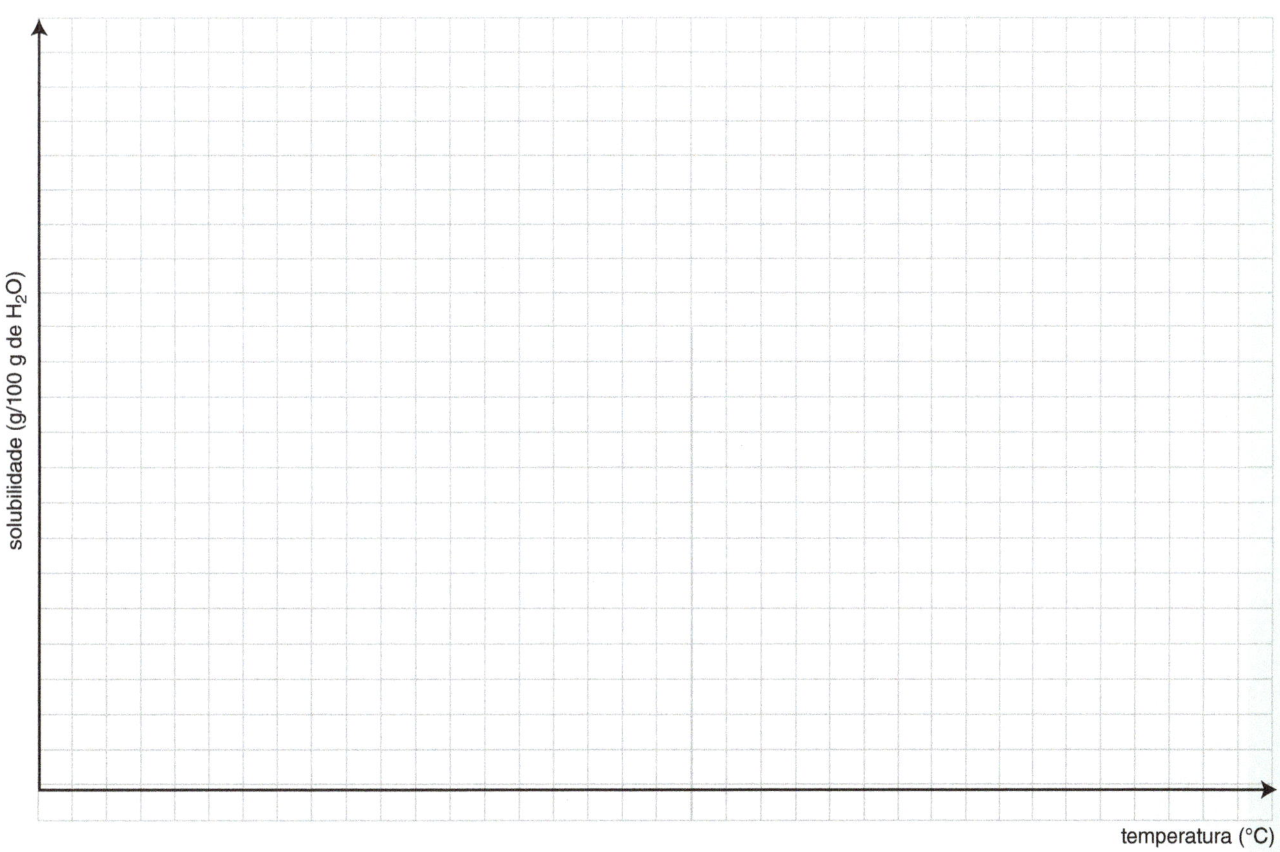

MÔNICA ROBERTA SUGUIYAMA/acervo da editora

CONCLUSÕES

1. A solubilidade do sal estudado aumentou ou diminuiu conforme houve o aumento da temperatura?

____

____

2. Utilizando a curva de solubilidade construída nesta aula, qual seria a solubilidade do sal estudado a 80 °C?

____

____

3. Utilizando o valor determinado no item anterior, qual massa do sal estudado deveria ser adicionada a 1 L de água, a 80 °C, para se obter uma solução saturada sem corpo de fundo?

Resolução:

Resposta: ____

PROCESSOS DE SEPARAÇÃO DE MISTURAS HETEROGÊNEAS

Aula 15

INTRODUÇÃO: A adição de etanol à gasolina acima do limite permitido (27% de etanol) pode causar alguns danos ao veículo, principalmente em modelos que não possuem injeção eletrônica. Entre os problemas que a gasolina adulterada (com mais etanol do que o limite permitido) pode causar, podem-se citar a corrosão de peças do motor do veículo, falhas na bomba de combustível e aumento do consumo.

Para determinar o teor de álcool na gasolina, há um teste bastante simples que pode ser realizado, chamado de "teste da proveta".

Experimento – Decantação e extração do álcool da gasolina

OBJETIVOS

- Separar dois líquidos não miscíveis.
- Extrair o álcool da gasolina.
- Calcular a porcentagem de etanol na gasolina.

MATERIAIS

- proveta de 50 mL
- 25 mL da gasolina que se deseja analisar
- 25 mL de água

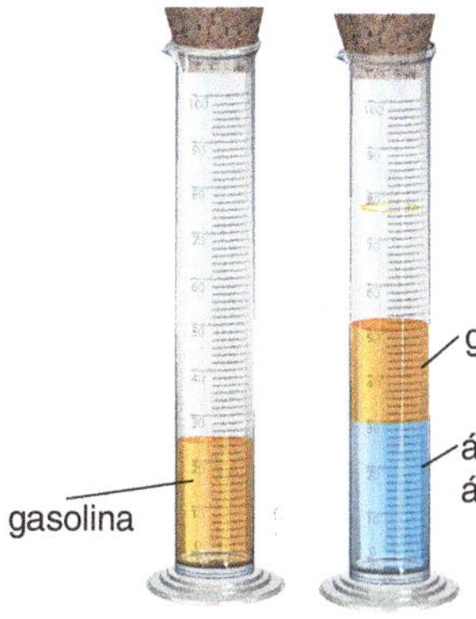

DESIGN PRAX/SHUTTERSTOCK

PROCEDIMENTO

1. Colocar 25 mL de gasolina na proveta.
2. Adicionar 25 mL de água.
3. Com a boca tampada, misturar a gasolina e a solução, sem agitar.
4. Deixar em repouso por alguns minutos.

A água extrairá o álcool que estava misturado na gasolina.

Para calcular a porcentagem de etanol na gasolina, monta-se uma regra de três. Nela utiliza-se o valor da diferença de volume que a gasolina apresentou após a adição da água. Por exemplo, se o volume inicial de gasolina era 25 mL e após a decantação da mistura gasolina + água o volume da gasolina passou para 20 mL, isso significa que havia 5 mL de etanol na gasolina testada.

$$25 \text{ mL} \text{ ——— } 100\%$$

$$5 \text{ mL} \text{ ——— } x$$

$$25 \cdot x = 5 \cdot 100$$

$$x = \frac{500}{25}$$

$$x = 20\%$$

Essa gasolina está dentro do limite permitido (até 27% de etanol).

RESULTADOS E CONCLUSÕES

1. Calcule a porcentagem de álcool contida na amostra de gasolina analisada. Essa gasolina está dentro do limite permitido?

Resposta: ____

2. Quais são as propriedades físicas desses líquidos imiscíveis que permitem a separação após a agitação?

PROCESSOS DE SEPARAÇÃO DE MISTURAS HOMOGÊNEAS – DESTILAÇÃO FRACIONADA

Aula 16

INTRODUÇÃO: As misturas homogêneas, também chamadas de **soluções**, apresentam uma única fase. Algumas misturas homogêneas podem ser formadas por meio da mistura de dois ou mais líquidos, sendo que muitas vezes esses líquidos podem apresentar pontos de ebulição próximos. Nesses casos, a **destilação fracionada** pode ser utilizada para separar os componentes dessas misturas.

OBJETIVOS: Observar um processo de destilação fracionada, compreender o funcionamento do destilador e relacioná-lo com a purificação dos componentes do petróleo.

MATERIAIS

- destilador
- coluna de fracionamento
- álcool etílico 40%

PROCEDIMENTO

1. Montar o destilador conforme o esquema abaixo, colocando o álcool etílico 40% para ebulir.

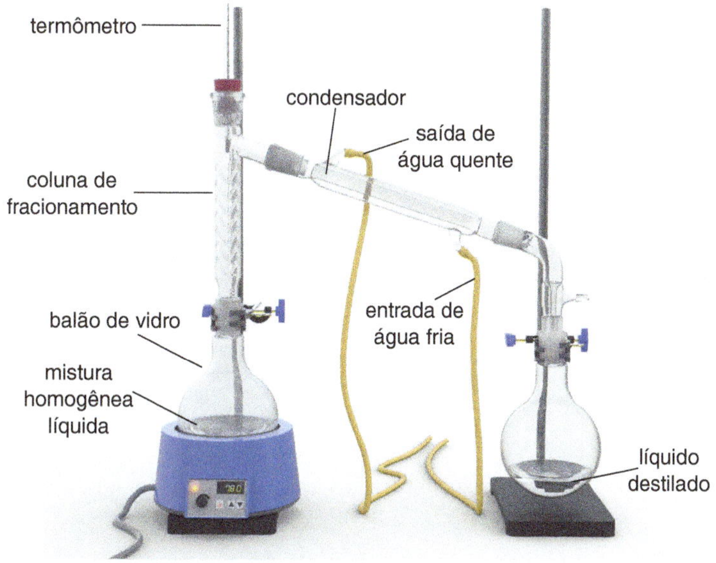

AJAMAL/SHUTTERSTOCK

RESULTADOS E CONCLUSÕES

1. Qual propriedade específica da matéria está relacionada ao processo de destilação fracionada?

2. Considerando a solução de álcool 40%, qual substância será separada no frasco coletor? Justifique sua resposta.

____

____

____

3. O petróleo é uma combinação complexa de hidrocarbonetos, compostos que possuem os elementos químicos carbono e hidrogênio como principais componentes. Essas substâncias muitas vezes apresentam ponto de ebulição próximo.

O processo de destilação fracionada é eficaz na separação dos componentes do petróleo. Justifique essa afirmação.

____

____

____

____

4. (UFRN 2013 – adaptada) A figura ao lado representa o esquema de uma torre de destilação fracionada para o refinamento do petróleo bruto. Nela, os números de 1 a 4 indicam as seções nas quais as frações do destilado são obtidas. Na tabela abaixo da figura, são apresentadas características de algumas das frações obtidas na destilação fracionada do petróleo bruto. Identifique quais são as frações do petróleo coletadas em cada uma das posições enumeradas na figura.

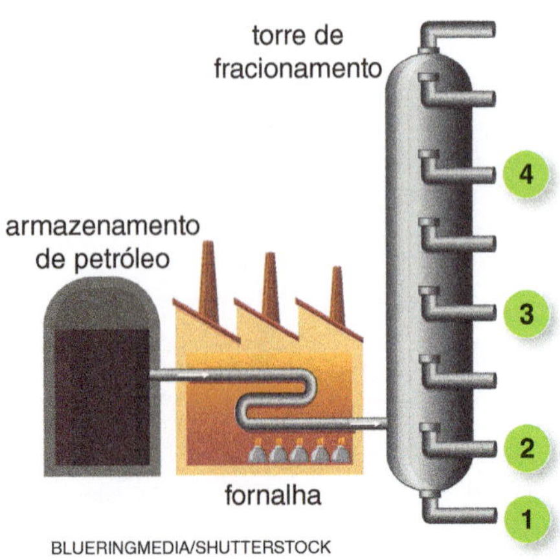

BLUERINGMEDIA/SHUTTERSTOCK

Fração	Número de átomos de carbono na molécula	Faixa da temperatura de ebulição (°C)
gasolina	5 a 10	40 a 175
querosene	11 a 12	175 a 235
óleo combustível	13 a 17	235 a 305
óleo lubrificante	acima de 17	acima de 305

Aula 17

TESTE DA CHAMA

INTRODUÇÃO: No teste da chama, determinada amostra de um sal inorgânico é submetida ao fogo, para que se possa observar a alteração da coloração da chama.

A cor da chama de um sal inorgânico é alterada quando um elétron recebe energia, o que faz com que ele salte para um nível mais externo da eletrosfera, que é mais energético. Esse elétron excitado, quando retorna ao seu nível de origem, libera a energia recebida sob a forma de luz (que é uma onda eletromagnética).

OBJETIVOS

- Observar as diferentes colorações produzidas a partir da queima de diferentes sais inorgânicos.
- Observar o resultado da queima do magnésio metálico.

MATERIAIS

- bico de Bunsen ou maçarico a gás ou lamparina a álcool
- alça metálica
- cápsula de porcelana
- tiras de magnésio metálico
- sais inorgânicos (sais de cobre, sódio, estrôncio, cálcio, potássio, lítio, por exemplo)
- solução de fenolftaleína
- béquer

Experimento 1

PROCEDIMENTO

1. Acender a fonte da chama (bico de Bunsen ou maçarico ou lamparina).
2. Pegar uma pequena porção de um dos sais e colocar em contato com a parte azul da chama.
3. Observar a coloração da chama e anotar o resultado na tabela.
4. Repetir o procedimento com outros sais.

RESULTADOS E CONCLUSÕES

Cor da chama	Sal utilizado

1. A qual modelo atômico esse experimento está relacionado?

____

Experimento 2

PROCEDIMENTO

1. Acender a fonte da chama (bico de Bunsen ou maçarico ou lamparina).
2. Pegar uma pequena tira de magnésio e queimá-la.
3. Colocar a tira de magnésio em combustão no interior da cápsula de porcelana e aguardar o final da combustão.
4. Colocar o pó resultante da combustão do magnésio na solução de fenolftaleína.

RESULTADOS E CONCLUSÕES

1. O que ocorreu com o magnésio metálico, quando ele foi queimado?

____

2. Sabendo que o pó formado a partir da queima do magnésio é um óxido, ou seja, a combinação de átomos de magnésio com átomos de oxigênio, determine a fórmula do composto formado.

____

3. A fenolftaleína é um indicador ácido-base, ou seja, ela tem sua coloração alterada na presença de substâncias ácidas ou básicas. Na presença de substâncias neutras ou ácidas a fenolftaleína permanece transparente, já na presença de substâncias alcalinas (básicas), sua cor passa de transparente para rósea. Houve alguma alteração na coloração da fenolftaleína, após a adição do pó resultante da queima do magnésio? Explique esse resultado.

____

____

____

MODELO ATÔMICO – ELETRIZAÇÃO

Aula 18

INTRODUÇÃO: Um corpo, quando está no estado neutro, possui quantidades iguais de prótons e elétrons. Quando um corpo é eletrizado, a quantidade de prótons e elétrons torna-se diferente, devido ao ganho ou perda de elétrons. Há vários processos de eletrização de corpos, sendo que um dos mais comuns é a eletrização por atrito.

OBJETIVOS

- Provocar a eletrização por atrito em determinados corpos e observar situações em que ocorre a atração ou a repulsão entre eles.
- Associar esses fenômenos à estrutura do átomo.

MATERIAIS

- 2 canudinhos de refresco de plástico, de preferência dos mais grossos, dobráveis
- 20 cm de fio de linha ou náilon
- algumas folhas de papel-toalha
- massa de modelar
- 1 pedaço de papel-alumínio

PROCEDIMENTO E RESULTADOS

1 Fazer a montagem como mostra a figura.

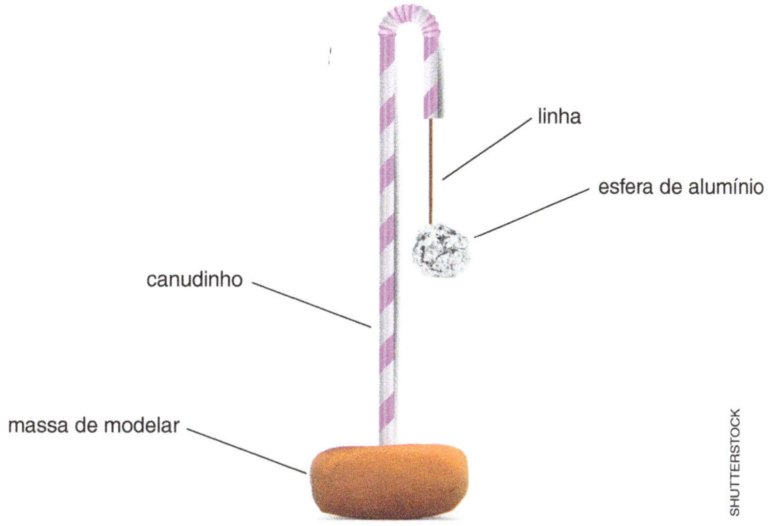

2 Esfregar, repetidas vezes, um canudinho em uma folha de papel-toalha e, em seguida, aproximá-lo da esfera de alumínio.

1. Descreva o que ocorreu.

____

____

____

3 Substituir a esfera de alumínio por um pedaço de canudinho e friccioná-lo com o papel-toalha. Em seguida, friccionar outro canudinho e aproximá-lo do primeiro.

2. O que ocorreu nessa situação? Explique.

____

____

____

CONCLUSÕES

1. Considerando que todos os materiais (canudinho, alumínio, papel, madeira etc.) são formados por partículas minúsculas denominadas átomos, o que acontece com os átomos dos materiais que são friccionados, que justifique a eletrização desses corpos?

____

____

____

____

2. Levando em conta as partículas que constituem o átomo e o modelo atômico atual, explique por que ocorre a perda de elétrons e não de prótons, no processo de eletrização por atrito.

____

____

____

____

CONDUÇÃO DE ELETRICIDADE

COMPOSTOS IÔNICOS × COMPOSTOS MOLECULARES

Aula 19

INTRODUÇÃO: Além da composição atômica e dos tipos de ligações presentes, os diferentes tipos de compostos químicos, como o iônico e o molecular, podem ou não conduzir eletricidade. A condução da eletricidade pode depender do estado físico em que o composto químico se encontra ou se ele está dissolvido em água, por exemplo.

OBJETIVO: Avaliar a condução de eletricidade de diferentes compostos químicos.

MATERIAIS

- água destilada
- açúcar
- álcool etílico
- vinagre
- lâmpada
- suporte de madeira
- água de torneira
- sal de cozinha
- suco de limão
- ácido sulfúrico
- fio de cobre
- béquer

PROCEDIMENTO

1. Preparar as diferentes amostras, conforme tabela da página seguinte.
2. Montar, conforme esquema a seguir, o aparato para determinar se há condutividade elétrica.
3. Testar as diferentes amostras, observando quando a lâmpada acende e a intensidade da luz.
4. Anotar os resultados na tabela.

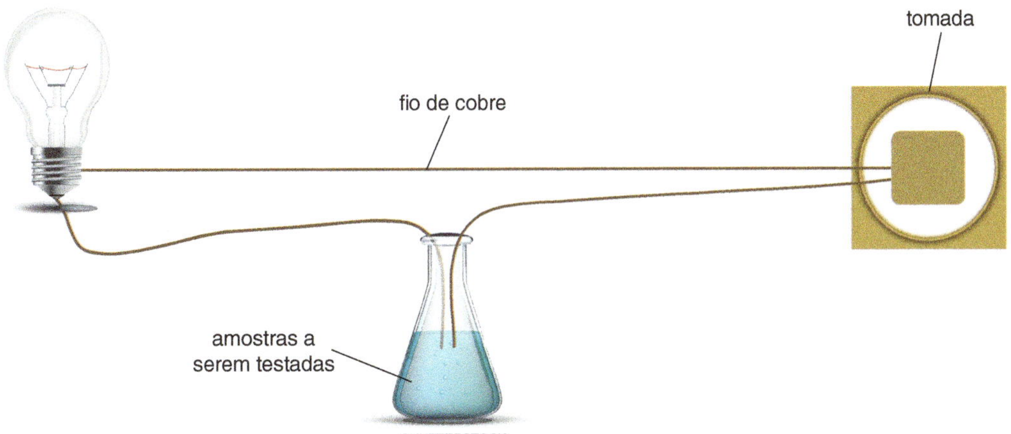

SHUTTERSTOCK

RESULTADOS

Substância/mistura	Acende	Não acende
Água destilada		
Água de torneira		
Água com açúcar (sacarose)		
Açúcar (sacarose)		
Água com sal de cozinha		
Sal de cozinha		
Água com álcool		
Ácido sulfúrico dissolvido em água		
Água com suco de limão		
Água com vinagre		

CONCLUSÕES

1. A partir dos resultados obtidos, em relação à condução de eletricidade, como podem ser classificadas as diferentes amostras desse experimento?

____

____

2. A água de torneira possui sais minerais dissolvidos. Explique por que ela não conduz eletricidade.

____

____

____

3. A partir dos resultados obtidos, que conclusões podem ser tiradas sobre os requisitos para a condução de eletricidade e as propriedades dos diferentes tipos de compostos?

____

____

____

____

____

Aula 20

REAÇÕES QUÍMICAS

INTRODUÇÃO: As transformações químicas, ou reações químicas, ocorrem quando algumas substâncias se combinam, transformando-se em novas substâncias. A observação das propriedades e do aspecto das substâncias é fundamental para que se possa comprovar a ocorrência de uma reação química.

OBJETIVOS

- Descrever o estado inicial e o estado final de um sistema por meio da observação de suas características.
- Identificar fenômenos que apresentem evidências de reações químicas.
- Reconhecer a necessidade de considerar todos os reagentes e todos os produtos para comprovar a conservação da matéria nas transformações químicas.

MATERIAIS

- balança com precisão de 0,1 g
- caixa de fósforo
- folha de papel
- óculos de proteção
- cápsula de porcelana
- palha de aço
- pinça

Experimento 1

PROCEDIMENTO

1. Determinar a massa da palha de aço e seu aspecto inicial.
2. Colocá-la dentro da cápsula de porcelana e queimá-la com cuidado, assoprando para que a combustão ocorra também nas partes internas.
3. Verificar a massa da palha de aço após a combustão e seu aspecto.
4. Completar a tabela a seguir com os resultados e as observações.

RESULTADOS

Propriedades	Estado inicial	Estado final
Cor		
Textura		
Massa		

CONCLUSÕES

1. Quais são as evidências observadas que nos levam a afirmar que ocorreu uma reação química com a palha de aço?

____

____

2. Segundo a Lei de Lavoisier, "Na Natureza nada se cria, nada se perde, tudo se transforma", logo a massa dos reagentes deve ser igual à massa dos produtos. Como explicar a variação da massa da palha de aço, antes e depois da combustão?

____

____

____

Experimento 2

PROCEDIMENTO

1 Repetir os mesmos procedimentos utilizados na combustão da palha de aço, utilizando desta vez uma folha de papel.

RESULTADOS

Propriedades	Estado inicial	Estado final
Cor		
Textura		
Massa		

CONCLUSÕES

1. Que evidências nos levam a afirmar que ocorreu uma reação química com o papel?

____

____

2. Após a combustão, a massa do papel variou da mesma maneira que a massa da palha de aço? Explique.

____

____

____

VELOCIDADE DAS REAÇÕES QUÍMICAS

Aula 21

INTRODUÇÃO: As reações químicas podem ocorrer mais rapidamente ou mais lentamente, dependendo de uma série de fatores, dentre os quais podemos citar: a temperatura, a superfície de contato entre os reagentes, a presença de água e a presença de catalisadores, que podem ser inorgânicos ou biológicos, como as enzimas.

OBJETIVOS

- Analisar as evidências da ocorrência de uma reação química.
- Verificar como alguns fatores aceleram ou retardam a velocidade de certas reações químicas.

MATERIAIS

- béqueres (250 mL)
- tubos de ensaio
- lamparina
- caixa de fósforo
- comprimido efervescente (tipo "Sonrisal")
- cubos de gelo
- água oxigenada 20 V
- bióxido de manganês
- vegetais crus e cozidos
- carne crua e cozida
- cronômetro
- fita para medir pH

Experimento 1

PROCEDIMENTO

1. Colocar água à temperatura ambiente em dois béqueres, até que atinja ¾ do volume total de cada um deles.
2. Em um dos béqueres acrescentar um comprimido efervescente inteiro e no outro colocar um comprimido moído.
3. Marcar o tempo, com o cronômetro, até que a efervescência do comprimido finalize em cada um dos béqueres.

RESULTADO E CONCLUSÃO

Em qual situação a efervescência ocorreu mais rapidamente? Qual fator deve ter aumentado a velocidade dessa reação química?

____

____

Experimento 2

PROCEDIMENTO

1. Colocar $3/4$ do volume total de um béquer de água fria e, em outro, $3/4$ de seu volume de água quente.
2. Acrescentar um comprimido efervescente em cada um dos béqueres.
3. Marcar o tempo, com o cronômetro, até que a efervescência finalize.
4. Medir, com a fita, o pH das soluções finais.

RESULTADOS E CONCLUSÕES

1. Em qual dos dois béqueres a reação ocorreu mais rapidamente? Qual fator deve ter favorecido o aumento da velocidade nesse caso? Explique.

2. Em relação à medida do pH das duas soluções, houve diferença entre os resultados? Explique.

Experimento 3

PROCEDIMENTO

1. Colocar água oxigenada no tubo de ensaio até atingir $1/4$ do volume total.
2. Acrescentar uma pitada de bióxido de manganês e observar o que ocorre dentro do tubo.
3. Colocar um fósforo aceso na abertura do tudo de ensaio e observar o que ocorre com a chama.

RESULTADOS E CONCLUSÕES

1. Qual evidência observada pode comprovar que ocorreu uma reação química nessa situação?

2. Qual foi o efeito provocado pela adição do bióxido de manganês nessa reação química?

Experimento 4

PROCEDIMENTO

1. Repetir o experimento anterior, substituindo o bióxido de manganês por pedacinhos crus de legumes e de carne em diferentes tubos.

RESULTADO E CONCLUSÃO

O que ocorreu nessa situação? O que há nos legumes e na carne que explique esse resultado?

____

____

____

Experimento 5

PROCEDIMENTO

1. Repetir o experimento anterior, substituindo os legumes crus e a carne crua por pedacinhos desses, porém, cozidos.

RESULTADO E CONCLUSÃO

Os resultados obtidos foram os mesmos que quando usados os legumes e a carne crus? Explique por que isso ocorreu.

____

____

____

Experimento extra

1. Uma reação química também pode ser favorecida ou ocorrer devido à presença da água. Isso pode ser observado no exemplo a seguir.
2. Se misturarmos nitrato de prata ($AgNO_3$) e sal de cozinha (NaCl), ambos sólidos, não ocorrerá uma reação química e sim uma mistura química, porém, se ambos forem dissolvidos em água e, em seguida, misturados, a reação química entre ambos ocorrerá. Observe o esquema a seguir e complete-o.

$AgNO_{3(aq)}$ + $NaCl_{(aq)}$ ________________ + ________________

Um dos dois produtos formados a partir dessa reação química precipitou. Consulte uma tabela de solubilidade de sais e conclua: qual é esse produto? ________________

Aula 22

INDICADORES ÁCIDO-BASES

INTRODUÇÃO: Os indicadores ácido-base são substâncias que mudam de cor quando são misturadas a um ácido ou a uma base.

OBJETIVO: Testar diferentes indicadores ácido-base em diferentes amostras.

MATERIAIS

- solução de HCl
- solução de NaOH
- refrigerante
- suco de limão
- limpador multiuso
- sabonete líquido
- creme dental
- solução de fenolftaleína
- solução de metilorange
- solução de azul de bromotimol
- papel tornassol azul e vermelho
- suco de repolho roxo
- tubos de ensaio
- suportes para tubos de ensaio

PROCEDIMENTO

1. Colocar cada uma das substâncias, presentes na tabela, em um tubo de ensaio.
2. Testar cada um dos indicadores (fenolftaleína, metilorange, azul de bromotimol, papel tornassol e suco do repolho roxo) em cada uma das substâncias.
3. Anotar os resultados na tabela a seguir.

RESULTADOS

Substância	Fenolftaleína	Metilorange	Azul de bromotimol	Tornassol vermelho	Tornassol azul	Suco de repolho roxo
HCl (aq)						
NaOH (aq)						
Refrigerante						
Suco de limão						
Sabonete						
Multiuso						
Creme dental						

CONCLUSÃO

Preencha a tabela a seguir, classificando as soluções testadas como ácidas, básicas ou neutras.

Substância	Classificação
HCl (aq)	
NaOH (aq)	
Refrigerante	
Suco de limão	
Sabonete	
Multiuso	
Creme dental	

Aula 23

REAÇÕES DE NEUTRALIZAÇÃO

INTRODUÇÃO: Quando um ácido reage com uma base, formam-se sal e água. Como as propriedades do ácido e da base são neutralizadas, essa reação é conhecida como reação de neutralização.

OBJETIVOS

- Neutralizar soluções de ácidos e bases.
- Observar a mudança da coloração de diferentes indicadores ácido-base.

MATERIAIS

- fita indicadora de pH
- canudos de plástico
- estante para tubos de ensaio
- solução de algum ácido (como, por exemplo, HCl, H_2SO_4)
- solução de alguma base (como, por exemplo, NaOH)
- solução de fenolftaleína
- tubos de ensaio
- conta-gotas

Experimento 1

PROCEDIMENTO

1. Colocar a solução de ácido em um tubo de ensaio.
2. Medir o pH, utilizando a fita.
3. Gotejar a solução de base na solução do ácido e, periodicamente, medir o pH até que esse neutralize, ou seja, atinja o pH 7.

RESULTADOS E CONCLUSÕES

1. Descreva o que foi observado, nas medidas do pH, conforme se adicionava a base.

____

____

2. Esquematize a reação química que ocorreu nesse experimento

____

____

Experimento 2

PROCEDIMENTO

1. Colocar a solução alcalina (base) em um tubo de ensaio.
2. Acrescentar algumas gotas da solução de fenolftaleína.
3. Assoprar a solução com o canudo até esta ficar transparente.

RESULTADOS E CONCLUSÕES

1. Explique por que a solução de fenolftaleína + base ficou incolor após assoprarmos nela.

____

____

2. Esquematize a reação química que ocorreu nesse experimento.

____

Experimento extra – Fazendo chuva ácida

INTRODUÇÃO: Um fenômeno que pode acontecer na atmosfera terrestre é a chuva ácida, que ocorre devido à reação química entre óxidos (principalmente de enxofre e de nitrogênio) e água, gerando ácidos.

OBJETIVO: Ilustrar a produção de chuva ácida.

MATERIAIS

- frasco de vidro vazio com tampa
- caixa de fósforo
- fenolftaleína
- massa de modelar
- solução alcalina fraca

PROCEDIMENTO

1. Adicionar aproximadamente 20 mL da solução alcalina (ou o suficiente para atingir 1/5 da altura total do frasco) no interior do frasco de vidro.
2. Pingar de 3 a 5 gotas de fenolftaleína na solução (o suficiente para a solução ficar rósea).
3. Usar a massa de modelar como base e grudar 4 ou 5 palitos (de cabeça para baixo) na parte interna da tampa do frasco de vidro.
4. Acender cuidadosamente os palitos de fósforo e fechar rapidamente o frasco de vidro enquanto eles ainda estiverem pegando fogo.
5. Esperar o fogo dos palitos se apagar.
6. Agitar levemente o frasco e esperar alguns minutos ou até que a solução fique incolor.

RESULTADOS E CONCLUSÕES

1. O que ocorreu na solução, que provocou a alteração da cor da fenolftaleína?

2. Sabendo que em um dos compostos presentes na cabeça do palito de fósforo há enxofre, determine as prováveis fórmulas dos gases formados que provocaram a alteração da cor da fenolftaleína.

PILHAS – UTILIZAÇÃO DO MOVIMENTO DOS ELÉTRONS

Aula 24

INTRODUÇÃO: Os elétrons podem se movimentar na eletrosfera e até passar de um átomo para outro. Isso ocorre, por exemplo, em uma pilha. Nem todos os átomos tendem a perder elétrons; no entanto, os átomos dos elementos **metálicos** têm a facilidade de perder elétrons, uns mais e outros menos. A isso damos o nome de **eletropositividade**.

Quando o átomo perde um ou mais elétrons, dizemos que ele se oxidou; para aquele que ganha elétrons, dizemos que ele sofreu redução. Portanto, na pilha ocorre o fenômeno de **oxirredução**.

.

OBJETIVOS

- Identificar os componentes de uma pilha e relacionar suas propriedades com o seu funcionamento.
- Verificar que na pilha há movimentação de elétrons em um único sentido.
- Verificar que na pilha ocorrem reações químicas.
- Reconhecer que durante o funcionamento da pilha, ligada à lâmpada, ocorrem transformações de energia.

MATERIAIS

- solução de sulfato de cobre
- solução de sulfato de zinco
- dois pedaços de fios de cobre de aproximadamente 30 cm cada
- duas lâminas de zinco limpas de, aproximadamente, 5 cm × 10 cm cada
- duas lâminas de cobre limpas de, aproximadamente, 5 cm × 10 cm cada
- uma lâmpada de 2,5 V
- dois frascos de cerca de 10 mL de capacidade cada
- papel-filtro cortado no mesmo tamanho das lâminas
- um soquete para a lâmpada
- duas placas de Petri

PROCEDIMENTO

1. Colocar uma pequena porção da solução de sulfato de zinco em uma placa de Petri e uma pequena porção da solução de sulfato de cobre na outra placa.
2. Umedecer uma folha do papel-filtro em solução de sulfato de zinco e colocá-la em contato com a lâmina de zinco.
3. Repetir o procedimento com a lâmina de cobre, usando a solução correspondente.

4 Dispor os preparados em paralelo conforme o esquema a seguir:.

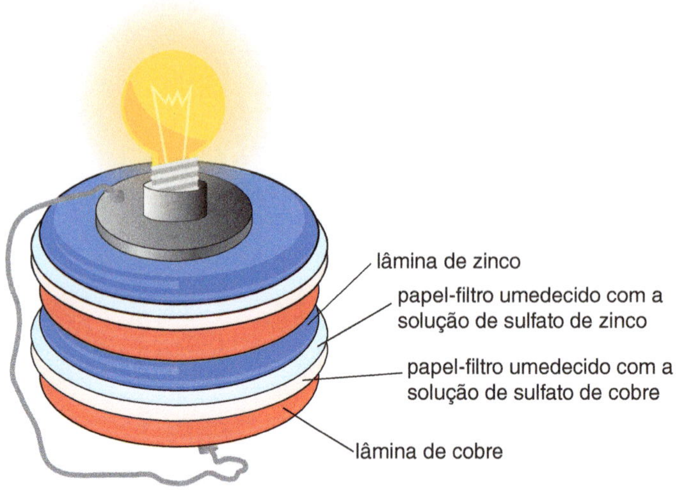

EMRE TERIM/SHUTTERSTOCK
TERSETKI /SHUTTERSTOCK

RESULTADOS E CONCLUSÕES

1. Quais propriedades dos metais favorecem a construção e o funcionamento da pilha?

____

____

2. Após a lâmpada acender, desmonte a pilha e verifique suas lâminas. O que você pode observar? Explique.

____

____

____

3. Observe a seguir a tabela que mostra a reatividade dos metais:

Au	Ag	Hg	Cu	H	Fe	Zn	Al	Mg	Na	Ca	Ba	K

→ eletropositividade

a) Considerando a pilha Zn//Cu, qual metal oxidou?

____

b) Qual metal reduziu? Por quê?

____

____

GENÉTICA

Aula 25

INTRODUÇÃO: A genética é uma área das Ciências Biológicas que estuda os genes, estruturas que determinam as diferentes características dos seres vivos e como são transmitidas ao longo das gerações.

OBJETIVO: Reconhecer algumas características genéticas e discutir se é possível determinar a dominância ou recessividade dessas características.

MATERIAL: Os próprios alunos.

PROCEDIMENTO: Contar o número de alunos com determinada característica e verificar se há dominância ou não no caráter.

RESULTADOS: Utilize D para característica dominante e R para recessiva.

Característica	Nº de alunos	D ou R	Característica	Nº de alunos	D ou R
Lobo da orelha livre			Lobo da orelha presa		
Míope			Visão normal		
Canhoto			Destro		
Sem covinha			Com covinha		
Com sarda			Sem sarda		
Sensibilidade ao PTC			Insensibilidade ao PTC		
Enrola a língua			Não enrola a língua		
Cinco dedos			Mais de cinco dedos		
Cabelo com bico de viúva			Cabelo sem bico de viúva		
Cruza os braços com o esquerdo por cima			Cruza os braços com o direito por cima		

Aula 26

ANÁLISE DE CARIÓTIPO

INTRODUÇÃO: Ao conjunto de cromossomos de uma célula do corpo, que não é um gameta, é dado o nome de cariótipo. No ser humano, o cariótipo normal para o sexo masculino é 44XY e para o sexo feminino é 44XX.

Cariótipo humano normal (sexo masculino)

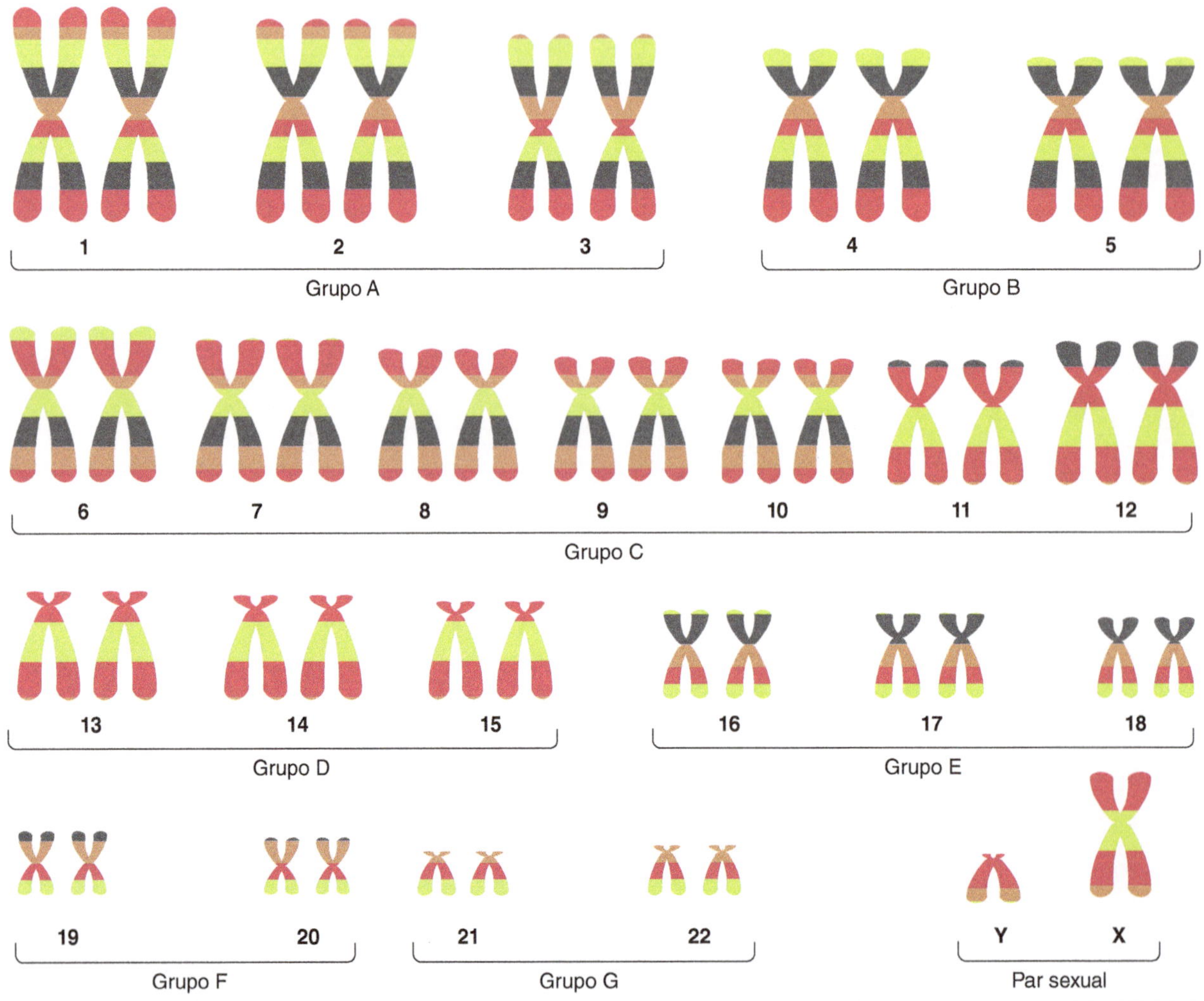

CAPREOLA/SHUTTERSTOCK

A análise do cariótipo pode permitir a detecção de algumas síndromes cromossômicas, como, por exemplo:

a) Síndrome de Klinefelter – 44XXY

Indivíduo do sexo masculino com aparelho reprodutor aparentemente normal, podendo apresentar testículos pequenos, retardamento mental, estatura elevada, obesidade etc.

b) Síndrome de Turner – 44X

Indivíduo do sexo feminino que não apresenta desenvolvimento das gônadas, geralmente de baixa estatura, com pregas pterigonucais (pescoço alargado ou alado) etc.

c) Síndrome de Down – 45XX (+ 21) ou 45XY (+ 21)

Indivíduo que pode apresentar deficiência mental (em vários graus), língua protusa e frequentemente fissurada, dentição irregular, membros curtos em relação ao tórax etc.

OBJETIVO: Perceber a importância da análise do cariótipo na detecção de determinadas síndromes genéticas.

MATERIAL: Representações gráficas individuais de cromossomos humanos.

PROCEDIMENTO: Analisar os cariótipos 1 e 2, identificando os cromossomos. Utilizar o cariótipo normal como base e identificar a possível síndrome representada pelos cariótipos em questão.

Cariótipo 1

CAPREOLA/SHUTTERSTOCK

RESULTADO

Cariótipo: ______________________________

Possível diagnóstico: ______________________________

Cariótipo 2

CAPREOLA/SHUTTERSTOCK

RESULTADO

Cariótipo: ______________________________

Possível diagnóstico: ______________________________